静かなる変革者たち

みんなねっとライブラリー

精神障がいのある親に育てられ、
成長して支援職に就いた
子どもたちの語り

横山恵子
蔭山正子
こどもぴあ

PENCOIII

静かなる変革者たち

精神障がいのある親に育てられ、
成長して支援職に就いた子どもたちの語り

◎表記につきまして

・本書では、「しょうがい」を「障がい」と表記しています。
ただし、法律用語などにつきましては「障害」と表記しています。

・本書で「支援者」という場合は、専門性をよりどころとする専門職をさすものとします。

はじめに

医療や福祉の場で精神障がい者家族への支援の必要性が、支援者の中にようやく浸透してきたように思います。これまで、家族というと、それは親を指す言葉でした。しかし、家族には、親、きょうだい、配偶者、子どもなど、さまざまな立場の家族がいて、それぞれ異なる困難を抱えていることも、明らかになってきました。そのようなかで、精神障がいをもつ親に育てられた子どもの存在に注目が集まっています。

日本では精神疾患で医療機関にかかっている患者数は四百十九万三千人です。(1) 子育てをする精神障がい者の数は把握されていませんが、統合失調症圏の精神科通院女性患者さ

(一) 二〇一七年患者調査、https://www.mhlw.go.jp/kokoro/speciality/data.html

んの三〜四割に出産経験があるという報告もあり、医療につながっても、その後治療が中断してしまった方や、一度も精神科を受診することのない未治療の方も含めれば、その実数はとても多いと思われます。さらに、統合失調症以外のうつ病や双極性障害などの気分障がい、その他の疾患を含めると、その数は計り知れません。

子どもたちは成長過程の困難だけでなく、成人してからも、生きづらさを抱えているのが特徴です。子ども時代よりも、大人になってからの方が生きづらいと言う人もいます。そうした子どもたちが、同じ体験を持つ仲間とつながりたいと願い、集いを始めました。そして、二〇一八年一月に、二十代の若いメンバー三人が、代表・副代表となり、「精神疾患の親をもつ子どもの会（こどもぴあ）」を正式に設立しました。

その少し前の、二〇一七年十二月に、子どもの体験を集めた、『精神障がいのある親に育てられた子どもの語り　困難の理解とリカバリーへの支援（明石書店）』という本を出版しています。その中には、ライフサイクルにおける子どもの困難と、子どもたちのリカバリーが書かれています。孤立していた子どもたちが、仲間とつながり、さらに仲間を支援することで、力を得ている過程が、九人の子どもの体験として収められていますので、ぜひ読んでいただければと思います。

私がこどもぴあで出会う、大人になった子どもたちの中には、印象的ではありますが、高い割合で、看護師、精神保健福祉士、作業療法士、臨床心理士などの支援者がいるように思います。私の大学は、保健医療福祉の専門家を養成する大学ですが、精神看護学の授業で家族支援の講義をすると、その後には必ず、自分も精神疾患の家族をもっていると教えてくれる学生が複数います。その中には、もちろん、子どもの立場の学生もいます。

こどもぴあが保健医療福祉の研修会などの場で紹介される機会も増えてきました。こどもぴあの代表者である坂本拓さんが、二〇一七年十月に地方版リカバリーフォーラム地方分科会（大阪）で話した言葉が、私には大変に印象的でした。

坂本さんは精神保健福祉士として地域の相談支援機関に勤めている青年です。坂本さんは、親が病気であることを誰かに相談したことは一度もなく、学校が終わるとアルバイトと家事をし、母の不安やつらい気持ちを朝まで聞いていたそうです。

自分の役割は「母に寄り添う」ことで、それは自分にしかできないと考えていました。就職して支援者としての自信がつくと、今度は母のための「支援」を自分が何もできないことに悩み始めました。支援者として経験を積んで分かったのは、「家族は家族。支援者にはなれない」ということでした。

支援者となった子どもだからこそ実感した、「家族は家族。支援者にはなれない」という言葉には説得力があり、私の心に響きました。これは子どもだけでなく、抱え込みがちになる家族のすべてに言えるのではないかと思いました。

それから、支援者になった子どもの立場の家族がどのような経験をされているのか、知りたいと思いました。これまであちこちで、多くの仲間が体験を語っていますが、共通しているのは、家族が孤立して、病気の当事者を抱え込んではいけないということでした。

支援者になった子どもたちは、当事者家族としての体験とともに、支援者としてさまざまな体験をされており、それを、まとめてみたいと思いました。この本はこのような思いの中から生まれました。ぜひ、精神疾患の親をもつ子どもたちが、どのような影響を受けて支援者となり、仲間の中で、どのように自分と向き合い、成長してきたのか、知ってほしいと思います。そこには、家族にとって役に立つ内容がたくさん詰まっていると思います。

一方で、子どもたちは、困難な体験をしてきたからこそ、自分の力で生きるたくましさと優しさを持っています。病気の親も、親なりに不器用ながらも自分を愛してくれていたことへの気付きは、親子の関係を取り戻すきっかけとなるように考えます。

どうぞ、四人の体験から、たくさんのメッセージを受け取っていただければと思います。

横山恵子

精神疾患の親をもつ子どもの会

こどもぴあ

横山恵子

今回、本書に登場してくれる四人は、精神疾患の親をもつ子どもの会（こどもぴあ）のメンバーです。

こどもぴあは精神疾患の親に育てられた子どもたちのグループです。こどもの立場の家族が集まり、少しずつ交流の輪が広がる中で、二十代の若いメンバー三人が、代表・副代表となって、二〇一八年一月に「精神疾患の親をもつ子どもの会（こどもぴあ）」を正式に設立しました。子どもと言っても、こどもぴあは成人した子どもたちのグループで、年齢も二十歳前後から五十代、六十代の方など、年齢の幅が大変あります。また、親の疾患に関しても、統合失調症、気分障害（うつ病や双極性障害）、パーソナリティ障害、アルコール依存症、発達障害など、多様です。しかし、仲間にとっての子どもの経験は共通していて、同じ仲間としての話し合いができるのです。

「こどもぴあ」は、東京で生まれましたが、全国に広がり始めています。現在、東京、大阪、札幌、福岡で、子どものグループの活動が始まっています。「家族による家族学習会（以下、家族学習会）」も、東京、大阪、札幌で開催されています。そして、仲間が集まり、つながりながら、さまざまな活動を始めています。

こどもぴあが設立されるまで

こどもぴあは、家族学習会のプログラムを活用することで、設立されました。

私たち（横山と蔭山）が初めて精神障がいの親をもつ子どもの立場の方に出会ったのは、二〇一三（平成二十五）年六月です。千葉県の家族会が開催した家族学習会の参加者の効果を調査するためのインタビューに伺った際、親の立場の方が多い中で、一人の子どもの立場の家族に出会いました。その後、その方が東京で子どもの立場の家族が少人数で交流していることを教えてくださり、二〇一四（平成二十六）年五月にその方々に出会いました。このグループは、二〇一三年八月に「親&子どものサポートを考える会」が開催した、「第一回全国版こどもの集い」に参加して知り合った四十〜五十代の六人の方々で、三カ月に一回程度、定期的に集まって交流しているとのことでした。

二〇一四年に、その中の四十代後半の子どもの立場の家族三人にインタビューをさせていただくことで、子どもたちの抱える困難を初めて知ることができました。子どもたちは大人になっても孤立し、社会から隠されていること、そして、生きづらさを抱える中で、仲間を求めていることが分かりました。そこで孤立した子どもの立場の家族がつながり、仲間同士で体験を語り合うことで、大人になった子どもたち自身の回復を図れるのではないかと考えました。

そのためには、子どもの立場の家族のグループを作る必要があり、このグループ作りに、家族学習会の活用が有効だろうと考えました。家族学習会はこれまで親を中心として開催されてきましたが、二人の子どもの立場の家族がたまたま家族学習会に参加し、子ども同士の出会いによって、とても救われたと話していました。

インタビューに協力してくださった三人に協力を頂き、二〇一五年五月十六日に、東京大学で、子どもの立場の方限定の、子ども版家族学習会セミナーを初めて開催しました。二十人程の方が集まりました。セミナーでは、二人に家族学習会の体験、さらに、別の二人に子どもの体験を語っていただきました。後半はグループワークを行いました。グループワークでは、他者に自分の体験を話したのは初めてだと、涙を流して語る方もおり、本当に忘れられないセミナーとなりました。

さらに、同年九月五日にセミナーのフォローアップを開催。ここでは、初めての子ども版家族学習会の参加者を募りました。

「子どもの立場の家族による家族学習会（以下、子ども版家族学習会）」は、二〇一五（平成二十七）年から始まりました。二〇一五年には六人の担当者（プログラムの運営・進行役）が、五人の参加者に初めて家族学習会を実施しました。会場は、市川市にある地域精神保健福祉機構（コンボ）の会議室でした。

翌年の二〇一六（平成二十八）年には、二回目の子ども版家族学習会セミナーを開催して参加者を募り、二回目の子ども版家族学習会を、港区にある東京都障害者福祉会館を会場に開催しました。二〇一五年の参加者のうちの二人が担当者になり、合計七人の担当者と、十一人の参加者に対して行いました。希望者が多く大人数になってしまいましたので、二グループ同時で開催しました。

二〇一七年の子ども版家族学習会は、時期をずらして二回開催しました。その年の二回目は、大阪から二名の参加者を迎えました。翌年の大阪での子ども版家族学習会の開催準備であり、大阪でのこどもぴあの設立を目指したためです。

その後、二〇一八年には一回、二〇一九年には一回開催するなど、毎年、開催を続けています。家族学習会の担当者も、その都度、半数程が新しい方と交代しますので、担当者経験のある「仲間」が増え、仲間同士のつながりが一層強固となり、こどもぴあの運営に関わるメンバーも増えました。

二〇一七年七月からは、精神疾患をもつ親に育てられた子どもの集いを開催しています。家族学習会は小グループで五回一クールの開催ということで、参加できる人は限られてしまいます。家族学習会の担当者を経験したことで、運営メンバーがグループ進行に慣れてきたこともあり、定期的なミーティングを開催することになりました。当時の運営メンバーは十八人です。集いに参加される子どもの方々は、毎回、四十人程度を定員としていますが、全国から参加されており、現在、延べ参加者数は二百五十人を超えています。

子どもの集いは、誰にも悩みを言えずに孤立していた、かつての自分と同じようにつらい状況にある子どもの立場の家族が、ひとりでも多く仲間とつながり、孤立から解放されることを願って開催しています。

家族による家族学習会

家族学習会とは、同じ立場にある精神障がい者家族会会員が、家族会につながっていない家族に提供する、体系的な家族ピア教育プログラムです。テキストを用いて、病気や障がいの正しい知識を提供し、家族自身の体験的知識を共有します。

家族学習会の開発にあたって、諸外国の家族ピア教育プログラムを参考にしました。米国では、一九九一年に全米精神障害者家族会連合会（NAMI、本部バージニア州アーリントン）によって「Family-to-Family Education Program（FFEP）」が開発され、全米各地で実施されています。また、香港では、二〇〇〇年に「Family Link」が開発され、香港を中心に周辺アジア諸国に広まっています。わが国では、二〇〇七年度から、地域精神保健福祉機構（コンボ）が、統合失調症の「家族による家族学習会」という、家族ピア教育プログラムの開発・普及事業を開始しました。

家族学習会では、統合失調症の家族を対象に、同じ立場の精神障がい者家族会の会員が、テキストを用いて、病気や障がいの正しい知識を提供し、家族自身の体験的知識を共有します。小グループで行う体系的なプログラムで、一回三時間、五回同じメンバーで開催するものです。このプログラムは全国に広がり、二〇一八年度までに全国二十六都道府県で実施され、延べ五千人が参加しています（二〇一九年三月末現在）。

しかし、「家族学習会」を実施している家族会員の多くは親であるため、きょうだいや子どもの立場の家族が参加する機会は多くありません。特に、世代の違う子どもの場合は、これまでのテキストでは体験の共有が難しく、親中心のグループでは、共感が得にくいという状況があります。そこで、親たちが用いる「家族心理教育用のテキスト」ではなく、ライフサイクルに沿った、子ども版オリジナルテキストを作成しました。

家族学習会は、担当者も参加者も同時にエンパワメントされ、元気になるプログラムです。家族学習会では、子ども版のオリジナルテキストを用いて、幼児期から小学生、中学生、高校生、成人、恋愛や結婚、子育て、介護、というように、ライフサイクルに沿って、体験を話し合っていきます。心の奥にしまいこんでいた過去の記憶や体験が思い出されて、つらい気持ちが起きることもありますが、新たな発見があるといいます。

年齢は、二十代から六十代まで幅広い方々が参加されましたが、年齢が離れていて話しづらいなどの違和感はなく進行していました。結婚、子育て、親の介護についても話しますので、多様な年代があることで、将来に起こりうることも予測でき、とても参考になるようでした。

参加者の振り返りでは、「過去の日々、自分の思いを振り返る機会になった」「抑えていた感情があふれた」「親に対して違う見方の発見ができた」「これからは自分のことを考えたい」「楽になった。最近穏やかな顔をしていると言われる」「親の障がいを受容する入り口に立てたと思う」と感想を述べていました。

プログラムの運営・進行役を行う担当者は、「これまで前に出ることはなかった自分には考えられない活動だ」と言います。そして、参加者が回を重ねるごとに元気になる姿を目の当たりにして、参加者の変化をうれしく感じ、自分の体験が役立つことで、自信を回復していきます。担当者自身も、「一番つらかったことを思い出し、涙が出て、すっきりした。自分の感情を出せるようになった」と話しました。

さらに、「子どもの立場同士で話せる場が必要」「人の良い所を見ようとする意識に変化」「これからも自分のできる事をしたい」「子どもに関わる人たちに、体験を知ってもらうことは、社会を変える力になる」と話しました。

こどもぴあの新しい活動

こどもぴあは、新たな活動を始めています。

二〇一六年からはホームページを立ち上げるとともに、子どもの体験を話してほしいと、家族会や支援者の講演会に招かれることも増えました。さらに、「精神に障害がある人の配偶者・パートナーの支援を考える会（以下、配偶者の会）」と連携した活動も始めました。「配偶者の会」で開催する定例会では、配偶者が語り合っているときに、こどもぴあの成人した仲間が、子どもの立場である未成年の高校生や中学生、小学生と、小グループで「子どもたちの集い」を行っています。参加した子どもたちは、せきを切ったように自分たちのつらい現状を話してくれました。家族学習会もそうでしたが、担当者は、二十代から五十代の方々ですが、年齢が離れていることでの違和感がありませんでした。子どもたちに、将来には希望があること、希望を持って今はしっかり勉強するようにというメッセージを送っています。

配偶者の方々が支援されることで、父親、あるいは母親が家族の中で安定した存在となって、家族のコミュニケーションが図られることは、子どもが安心できる環境作りに直接つながります。今後はこのような活動も広がっていくように思います。

さらに、子どもの体験を直接、小中学校、高校の先生たちに伝えたいと、教材作りの活動も始めています。こどもぴあからは、これから、さまざまな活動が始まることと思います。

こどもぴあホームページ　https://kodomoftf.amebaownd.com/

目次

2 母の病と向き合って二十年　大人になった私は空っぽでした　51

■林 あおい　精神科看護師

3　家族自身が困難を抱え支援を必要としていることに目を向けてほしい　74

■山本あきこ　精神科訪問看護師

3

第3章 考察

第1章

子どもたちの語り

体験記

1 母に対して支援者としての関わりができていないことに葛藤する日々から見えたもの

坂本 拓 さかもと・たく

（28歳　男性　精神保健福祉士）

うつ病とパニック障害の母をもつ。中学二年生の頃に母が発症。地元の工業高校を卒業後、福祉の専門学校に進学。福祉施設を運営するＮＰＯ法人に就職し、精神障がい者の地域生活支援を行っている。精神保健福祉士。きょうだいは姉が一人。母は現在、一人暮らし。

幼少の頃――活発で格好いい自慢の母

僕の母は、若いうちに子どもを授かり、さまざまな困難に直面しながらも、僕たちきょうだいを育ててくれました。

僕には四つ年上の姉がいます。家族は、その姉と母、それに祖母と僕の四人です。

母は、離婚や再婚を何度か繰り返していましたが、子どもを手放すことなく、仕事と育児を両立させてきました。家族の生活を支えるため、ファストフード店でのアルバイトや、カメラ店の配達の仕事、事務職など、いくつかの仕事を掛け持ちしたこともあります。それでも、どんなに経済的に苦しくても、いつも明るく前向きで、僕たち子どもの前では、笑顔を忘れない母親でした。離婚して貧しい時期もありましたが、僕は、母と姉、祖母が居ればなんとでもなる、困難なことがあっても乗り越えられると信じていました。

僕の記憶は曖昧ですが、保育園年長の頃、母は再婚しました。
僕と血のつながった父親はいつの間にかいなくなり、知らない男性が家にいる環境はとても居心地の悪いものでした。本当の父親でもないのに「パパ」と呼ばなければならず、なついている「フリ」もしなければいけません。小学生の頃に「食事中はテレビを見てはいけない、水も飲んではいけない」と父親に言われた時には「なぜ後から来たやつにルールを作られなければいけないのか」と納得いかなかったのを覚えています。少しずつ慣れてはいきますが、父親の存在は僕にとってはストレスで、玄関の鍵をあける音、父のバイクの音など、父が帰ってきた音が聞こえる度に緊張していました。

中でも、父と母の話し声には敏感で、けんかをしているんじゃないかと聞き耳を立てながら眠りにつき、少しでも大きい声が聞こえればリビングまで様子を見に行っていました。父と母は、最初はとても仲が良かったのですが、そのうち、たびたび口論するようになり、一度口論が始まると、翌日の夜まで尾を引くこともありました。「父親」という存在がいなければ母がけんかをすることも、泣くこともないのにと思いました。けんかの原因が父だけにあったとは限りませんが、母が泣く姿を見たり、怒鳴り声を聞いたりすることはつらく、悲しいものでした。僕たちきょうだいはいつも母親の味方で、そんな母親のことばかりをかばう子どもたちを見て、父は父で寂しかっただろうな、と今では思います。その後、父と母は離婚しました。

小学校では、僕はあまり人づきあいもうまくなく、一年生の夏に転校したということもあって友達はあまりいませんでした。自分によくないところがあったのかも知れませんが、上履きを隠されたり、仲間外れにされたりすることも何度かあり、そのたびに泣きながら下校していました。そんな僕を見て、母は「ママはずっと味方だからね」と抱きしめてくれたのをはっきりと覚えています。

母は活発な女性でした。子どもの僕から見ても格好よかったし、母がバイクに乗ってくるのを見て、友達に「かっこいい！」と言われたこともあります。僕にとっては、自慢の母親でした。大好きな母が授業参観に来てくれたこと、早退する時にバイクで迎えに来てくれたこと、どれもうれしかったし、母がいて、姉、祖母がいるだけで僕は幸せだと思っていました。

中学生の頃――再婚、母の変化、自殺未遂。泣いている母に寄り添うだけの僕

僕が中学生の頃、母は再婚をします。

僕ははじめ反対しました。「また名字が変わるのは恥ずかしい」というのが表向きの理由でしたが、心の中では、また新しい父親に気を遣ったり、父と母のけんかが繰り返されたりするのを見るのが嫌だったからです。

ただ、再婚したことで経済的にも安定し、母は遅くまで働く必要がなくなり、家にいてくれる時間が多くなりました。今まで行ったことのないキャンプに出掛けたり、旅行に行ったりと家族らしいこともできるようになりました。ですが、経済的な安定を手に入れ、母の身体的な負担が減った反面、父親という存在が家庭に加わったことで、僕にとってはまた居心地の悪い環境となりました。怒鳴ったり暴力を振るったりする父ではありませんでしたが、常に父の顔色をうかがい、気を遣いながらの生活で、父の作った料理を食べることすらも嫌になった時期がありました。父は料理が得意で、よく手の込んだ料理を作ってくれましたが、僕はおいしくいただいたふりだけして、あとでこっそり、お小遣いでコンビニ弁当を買い、自分の部屋で食べたりしていました。今思えば、僕はその人のことをど

うしても父親だと思えなかったんだと思います。父の作る食事は、父なりに子どもたちと関係を築こうとしてのことだと思いますが、僕にとっては、逆に疲れるものでした。

そのうちに、徐々に父と母は口論になることが増えていきました。前の父親とは違って、今度の父親はいつも落ち着いて対応していましたが、母は常に感情的でした。いつも母が感情的になり父がなだめる構図が出来上がり、父と母の会話に聞き耳を立てて眠りにつく生活がまた戻ってきてしまいました。

口論になり感情的になる母を見ると、その原因がどうあれ、やはり父親はわが家には不要な存在なのだと思いました。新しい父が来たことで、「僕たちきょうだいは気を遣うことが増え、父と母との間でまたけんかが始まってしまった。母と姉と祖母の生活ではこんなことはなかった。父のいない生活を懐かしい」と思いました。

ある時、父と母が口論しているような声を聞き、いつも通りにリビングに顔を出すと、母の手首からは血が流れていました。近くには包丁が落ちていて、父が母の手首をタオルで抑えて止血していました。

「どういうこと?」という僕からの問いかけには二人とも何も言ってくれず、何が起きているか分かりませんでした。父が母を傷つけたのか、母が自分で傷つけたのか……すぐに後者だろうと判断できましたが、そんな状況にさせた父に対して、言葉にならない程の怒りを感じました。母は父とのけんかのたびに感情的になって、泣いたりすることはありましたが、まさか死のうとするほど、思い詰めているとは思わなかったからです。

しばらくすると、サイレンは鳴らさずに救急車が来ました。車内で処置をし、病院に搬送されることなく母は帰ってきましたが、父も母も起こった出来事の説明はしてくれませんでした。

その後、僕は自分の部屋に戻って寝たのか、リビングに居たのかは覚えていません。この頃の記憶はあまり思い出せませんが、父への不信感や怒りは強まり、「また同じことをするんじゃないか……」と母への心配もより一層強まりました。

それからの母は徐々に仕事に行けなくなり、家で寝ていることが多くなりました。体調の悪い時には、一日中動けないこともありました。あとで知ったことですが、その頃の母は、人混みが苦手で、バスや電車などの公共交通機関に乗ると、パニック発作の症状が出そうになったそうです。

それでも、最低限の家事は頑張ってやってくれていました。僕と姉には気付かれないようにと、なるべくいつも通りに振る舞っていたのかも知れませんが、一緒にいれば、母に何かの異変が起きていることは分かります。母が具合悪そうにしている時は料理の味付けがおかしくなりました。カレーがいつも食べているカレーの味と違うんです。それと、精神科の薬を飲み始めたことと、一日中寝ていることが多くなったせいで、母は太っていきました。友達が「かっこいい！」と言ってくれたはつらつとした母も、僕が泣いている時に抱きしめてくれた明るく力強い母もそこにはいませんでした。

母は大きな悩みを抱えているようでした。でも、僕には、その原因が分からず、母がなぜ泣いてしまうのか、何に不安を感じているのかと考えているうちに「もしかしたら僕が原因なんじゃないか」と思ったりしました。考えても考えても母のことが分かってあげられず、悔しかったのを覚えています。僕がその時にできることは、泣いている母にただ寄り添うだけでした。

高校生の頃──母から障がいを告げられて。母を支えるのが僕の役割と決意

僕は車やバイクの整備士になりたくて、地元の工業高校に進学しました。十六歳の誕生日に原付免許を取りに行き、アルバイトでためたお金でバイクを買い、友達とツーリング

に行くのが楽しみでした。ですが、母への心配は頭から離れることはなく、なるべく泊まりでの遊びには参加しないようにしていました。母の体調は安定せず、夜中に泣き、時には過呼吸になることもありました。そんな母を父は気遣って、外へ連れ出したり、簡単なアルバイトのような仕事を紹介したりしましたが、母は、そこでの人間関係などが次第に負担になって、そのアルバイト先には行けなくなりました。

何かあれば、母に寄り添う生活を続けていた高校二年生の頃、母から、うつ病・パニック障害であることを告げられました。

告げられた時は特に驚くこともなく、何も思うことはありませんでした。僕にとって病名は不要な情報で、母の病気が何であっても「母に寄り添う」のが自分の役割であり、自分にしかできないことだと思っていたからです。不安定な家庭の中、今まで頑張って支えてくれていた母ですが、これからは僕が母を支える番なのだと改めて思い、母が子どもを第一に思ってきてくれたように、僕も母を第一に考え、恩返しをしていこうと決めました。詳しい時期は覚えていませんが、この頃、父とは離れて暮らすようになり、姉も家を出ていきました。

福祉の専門学校に進学――「死にたい」と母に言われて僕は

整備士になりたくて入った工業高校でしたが卒業後は就職せず、母のためにも自分のためにも、福祉の専門学校へ進学し、精神保健福祉について学ぶことにしました。この時の進路選択は、夢を諦めた訳ではなく、どちらかというと整備士になる自信もなかったので、自分にとっては、母を言い訳にした選択だったように思います。

専門学校の入学面接時に、母親の状況を伝えたところ、「いつでも相談してね」と先生には言ってもらいましたが、結局最後まで、母のことを先生に相談することはありませんでした。相談できなかった訳ではなく、相談したところで現状は変わらないと思っていたからです。

中学、高校もそうでしたが、友達や先生に母について相談したことはありません。困っていたし、悲しい時もつらい時も、悩むこともありましたが、誰かに相談することは一度もなく、誰かの協力を求めてはいませんでした。「母に寄り添うこと、母に尽くすこと」が最善であり、自分にしかできないことだと思っていたからです。もう僕の中で母は、かつてのような強い存在ではなく、寄り添わなければいけない弱い存在となっていました。

学校の後にアルバイト、家に帰ってから母の体調が悪い時には家事をし、母の不安なことや、つらいという気持ちを朝まで聞くこともありました。僕が専門学校に通っていた頃には、母はリストカットなどの自傷行為もなくなり、大きく落ち込むこともありませんでしたが、それでも「お金がない」「具合が悪くて動けない」などのネガティブな言動が減ることはなかったので、母に割く時間は短くはありませんでした。専門学校の課題や実習に追われる僕の負担にならないように、母もできる限りのサポートをしてくれていましたが、母が感じる経済面での不安がなくなることはありません。別居中の父から経済的な支援は受けていたし、僕もアルバイトで、自分が生活する分は稼いでいましたが、それでも、その先の生活への母の不安は払しょくできませんでした。

ある時、落ち込んだ母から「死にたい」と言われました。

まさか、母親が子どもにそんなことを言うとは思えずショックだった反面、「本当にこのまま母が居なくなればいいのに」と思うこともあり、全力で支えるつもりの僕にも、少しずつ気持ちの変化が出てきました。

精神障がい者支援の道へ——母を優先すべきか、自分の人生を優先していいのか

専門学校卒業後、僕は精神障がい者の福祉施設を運営するＮＰＯ法人に就職しました。勤務先となったのは、精神障がいを抱えた方が日中の活動先として通う地域活動支援センターという福祉施設です。

僕の仕事は、日常的な相談支援や通院などの生活支援、その他、内職作業の補助等をすることです。施設には、統合失調症や気分障害、依存症などいろいろな精神障がいを抱えた方が通所しており、一人一人が困難さを抱えながら生活していました。当時の僕が支援者としてできることはほとんどありませんでしたが、いろいろな年代の、いろいろな過去をもつ大人たちと一緒に過ごす日々は、新鮮で楽しいものでした。

精神障がい者といえば、僕にとっては母親で、病気の母は暗いイメージでしたが、僕の配属先の事業所に来る「メンバー」と呼ばれる精神障がいを抱える方たちは、明るくて、与えられた作業に真剣に取り組み、日々活発に生きていました。そのメンバーたちの、生き生きとした様子を見ると、精神障がい者もさまざまで、こんなふうに前向きに生きている人たちもいるんだと、新たに目を開かされたような気持ちになりました。

就職してから一年がたった頃、別居していた父と母は正式に離婚することが決まり、同時に父からの金銭的な援助は受けられなくなりました。

当時暮らしていたのは、母と僕だけの暮らしには不相応な立派な一軒家でした。母も働ける状態ではなかったので、父からの援助がなくなれば今の生活を保つことすらも難しくなります。しかも、その家のローンはまだ十年も残っていました。

ある時、母から「あと十年残っているローンをあなたが払っていくか、この家を売って別のところで暮らすか」と選択を迫られました。母の病状を考えれば、環境を変えずに今の家でほそぼそと暮らすほうがリスクは少ないのかも知れません。でも、ローンを背負うことで僕の自由な人生はなくなってしまいます。今まで子どもを第一に考えて大切にしてくれていた母を優先すべきか、自分の人生を優先していいのか、当時二十一歳の僕には難しい選択でした。

散々悩んだ揚げ句、最初に出した答えは「ローンを背負う」ということでした。

「自分が犠牲になればいいんだ、母のためだから仕方がない」と自分に言い聞かせてはいましたが、将来のことを考えるとむなしさと悲しさで一杯でした。僕の中に「母のことは大事だ」という気持ちと、「母と離れて自由になりたい」という両立しえない気持ちがありました。さらに、「本当はどうなの？」と突き詰めていくと、「母と別々に暮らして解放されたい」という本音が見えました。

僕は、やっと正直な自分の気持ちに気が付きました。

今まで母に尽くすと覚悟を決め、母に寄り添い続けてきましたが、後戻りできなくなる前に、母に本音を伝えてみようと思いました。

両親の離婚――母としての力強さを、病気という布で覆っていたのは僕だった

数日後、「この家を売り、独り暮らしをしてみたい」と母に相談しました。母と離れることに不安はありましたが、そのことも含めて全て母と話し合い、久しぶりに自分の希望を伝えました。

母の答えは、「自由な人生を歩んでほしい」でした。

母は僕の気持ちを受け止めてくれたのです。僕は、母が「離れたくない」と言うと思っていたので、その答えは全く予想外でした。僕は母に依存されて束縛されていると思っていたけれど、母はいつでも子どもの幸せを一番に考えてくれていたんです。

うつ病を患ったことで、母は僕の中で徐々に弱々しい存在となり、僕の助けが必要なんだろうと勝手に思っていましたが、そこには、子どもを一番に考えてくれる力強い母がいました。母に依存されていると思っていましたが、依存していたのは僕の方なのかも知れません。母の病気を理由に進路を選択し、どこか母の存在を言い訳に被害者ぶっていた。母の母親としての力強さを、病気という布で覆っていたのは僕自身でした。

ごめんね、お母さん。

支援者として——経験を積んで分かった「家族は家族、支援者にはなれない」

母と離れて暮らすようになり六年がたちました。

母と暮らしていた時のことを振り返ってみると、正直、いつも優しく関われていた訳ではありません。つらさを抱える母に寄り添うように努力してきましたが、話したそうにしている母を避けたことも冷たく接したこともありました。

仕事では、支援者として精神障がいを抱える方と関わり、それぞれの強みや障がいゆえの生きづらさに注目するようにしていますが、「こんなに具合が悪いと働けない」「薬のせいで眠い」「具合が悪い時の記憶がない」といった母の発言は、ただ甘えているように聞こえてしまいます。精神障がいや病気に関しての知識は日々深まり、母も漠然とした不安や怖さを抱えているのだということは分かっていましたが、母に対して、支援者としての関わりができていないことに、「これでいいのだろうか」と自問自答する日々が続きました。

久しぶりに会えば「つらい」「お金がない」という話ばかり。寄り添う時も、そっと優しい言葉をかける時も、どこか母を疑っている自分がいます。

仕事で出会う障がい者のみなさんのことは、「障がい者」として捉えていますが、母に対しても同じように、「障がい者」として見ようと思っても、おそらく「母親」としての期待が僕の根底にあるから、できないんです。

僕にはどうやっても解決できないようなお金の愚痴を聞かされて、その一方、新しい洋服があったりすると、お金の話は、ただ自分がいかに困っているかというアピールのように感じられてしまいます。

それでも母に会いに行くのは、そもそも「家族」という特殊な関係だからだと思います。意識的に突き放すことは仕事では可能ですが、同じことが家族にもできるかと言えば、「できる」とは言い切れない。だから悩むんです。

そして、支援者として経験を積んで、悩んで、分かったのはこのことでした。

「家族は家族、支援者にはなれない――」

家族だからこそできることはたくさんありますが、家族にも支援の限界はあります。自分が人生の岐路に立たされた時、自分の人生より家族を優先するのは、やはり難しいことです。当時の自分は、人生を犠牲にしてでも、母に寄り添うことが良いことだと思っていましたが、それは長く続かず、無理をしている状態でした。何かを犠牲にして面倒を見るのが家族の役割なのでしょうか。

家族といっても、精神障がいをもつ「その人」を支えることは簡単なことではありません。つらくなって当たり前だし、投げ出したくなって当たり前です。言いづらいし恥ずかしいことかもしれないけれど、「つらい時にはつらい」って言っていいんです。

僕はずっと、家庭の弱み、つまり母の病気を人に知られることが恥ずかしいと思っていました。そして、自分のつらさを人に見せたり誰かに頼ったりするのも、なかなかできない、僕にとってはハードルの高いことでした。

なぜなら、僕が、誰よりも母の理解者だと思い込んでいたし、母の状態について誰かに話すのは母もきっと嫌だろうとも思ったし、僕と母の二人の環境に、例えば支援者などの新しい人が入ることで、母の体調が悪くなるかもしれないなどと思い込んでいたからです。

だからずっと、母と離れることに抵抗はありましたが、実際に離れた今、もっと早く距離をとっておくべきだったと思っています。

今思うこと——「母の人生はもっと豊かになっていたかもしれない」後悔

僕は誰にも相談せず、誰にも頼ってきませんでしたが、一人で抱え込みながら母と生活してきたことで、後悔したり責任を感じたりすることが出てきました。

精神障がい者を抱える家族が、まわりに助けを求めることができないのは、世間一般に、そういう場合、家族の面倒を見るのは家族とされているからです。

それに、精神障がいが新聞やＴＶで取り上げられるのは、事件など、眉をひそめるような話ばかりで、それが精神障がいへの偏見につながっているからです。僕自身も、なぜ外に支援を求めなかったかといえば、「母がばかにされるんじゃないか」と思ったからです。支援者に頼るにしても、そこから情報が顔見知りに漏れたりするのは嫌だ、それは僕も母もずっと思っていたことでした。

現在、母はソーシャルワーカーなどの支援者とはほとんどつながっていません。病院には通っていますが、母を支えるネットワークは狭いままです。それは、僕が一人で抱え込んできたことが影響しているのだと思います。

早い段階で役所や福祉の専門家に相談し、頼ることができていれば、母を支える支援者は増え、僕自身の負担も減っていたし、何より母の生活も安心でより豊かなものになっていたかも知れません。当時は母を思い、精いっぱいやってはいましたが、自然と視野は狭くなり、閉鎖的になっていたことは、息子としても支援者としても後悔している部分です。

精神障がいをもつ人がいる家族は、何をどう相談したらいいのか、誰が何をしてくれるのか分からないから、と相談に至らない気持ちも分かりますが、まずは「自分の人生がどうありたいか」を考え、家族や支援者に発信することが第一歩だと思います。

母へ――病気になっても、ずっと自慢の母親だよ

母には心の底から感謝しています。

何度も結婚したことについて、当時は理解できませんでした。父が変わる度に僕の生活

にも大きく影響があったのは事実です。なんでまた再婚するんだろう、また名字が変わるんだ、また気を遣う生活が始まるんだ、と絶望したこともありました。ですが、母が生きていくためにも、僕たち子どもたちが高校に行き、生活していくためにも父親という存在は必要だったんだと、大人になってから分かりました。金銭的にも精神的にも母だけでは耐えきれず、甘えられる存在が必要だったんだと思います。

父が居ない時、生活がどんなに苦しくても、仕事がどんなに忙しくても、明るく元気な母親で居てくれてありがとう。いつも味方で居てくれてありがとう。

僕と姉が大人になって、安心したから病気になったのかな。それでも、子どもに心配かけないように頑張ってくれていたんだよね。大好きなのに冷たく接してごめんね。

病気になっても、ずっと自慢の母親だよ。

これから――自由な人生を歩むことが本当の親孝行なのかもしれない

母が中心だった過去に比べ、少しずつではありますが、僕は、今では自分のやりたいことを見つけ、いろいろなものに挑戦できるようになりました。二十一歳で初めて行った海外旅行。それからは暇を見つけてはいろいろな国に行き、いろいろな人や文化に触れてきました。言葉も通じず携帯電話も使えない、道も分からないし、お金もない状況での一人旅ですが、困難さや不便さを体感することが僕の「生きている実感」につながっています。

楽しい体験も怖い体験も、母が興味津々で聞いてくれることがとてもうれしいです。「興味のあることは何でも挑戦してみなさい。応援するから」と小さい頃から母に言われていた言葉が、僕の人生の支えになっています。ずっと、母に尽くすことが親孝行だと思っていましたが「自由な人生を歩むこと」が本当の親孝行なのかも知れません。そして「自由な人生を歩むこと」が僕の課題でもあるのです。

いろいろ大変なことはあったけれど、その大変さがあったから、さらに家族としての絆は深まったと思っています。

母が障がいを抱えたことは、不幸なことではありませんでした。

2

母の病と向き合って二十年大人になった私は空っぽでした

林あおい　はやし・あおい＝仮名

（29歳　女性　精神科看護師）

小二の頃に母が発症。統合失調症と双極性障害の混在型で精神障害者保健福祉手帳三級。

高校卒業後、地元の看護学校に進学し、看護学校時代に一人暮らしを始めた。その後、東京の看護の専門学校に進学。学生の頃からアルバイトで働いていた病院に就職し、二年後に転職し精神科病院に勤務、三年目。通信制の大学にも通っている。家族は父、母、兄。母は今も通院し、父と二人暮らしで、休みの日にプールに行ったり美術館に行ったりしながら過ごしている。

母の病気が発症してから二十年以上がたちました

今、私は精神科病院で看護師として働いています。

母の病気が発症してから二十年以上がたちました。これまで母の子として見てきた精神福祉や社会に対し、さまざまな複雑な思いを重ねてきました。今もまだ根深い偏見の残る精神医療の現場で働きながら、日々多くの葛藤を抱いています。

母を通して見てきた社会への疑問や家族に対する思いは、私の希望をたくさん奪い、大人になった私に生きづらさを残していました。しかしその反面、母の病気が教えてくれたことは多くあり、たくさんの人との出会いや学びを与えてくれ、自分自身と向き合い、自分らしい人生を、今を生きることにつながっていると思っています。

大人になってからの私は、自分の感情が分からなかったり、自分に自信が持てず、気を遣いすぎて疲れたり、孤独感を感じたり、そういう気持ちが慢性的にあって、そんな自分を実感した時に、自分の性格に嫌気がさしたり、継続した無力感を感じたりしていました。

そうした私自身のさまざまなネガティブな感情が、生きづらさにつながっていたという気がします。そんな私にとって、たくさんの方と出会い話をすることや学んでいくことは、大切なことでした。それによって、私自身の考えが変わっていき、より人生を豊かに変化させてくれていると感じています。

小学二年――母が突然発症。一晩中、押し入れの布団と布団の間で息を殺して

私の母は私が小学校二年生の時に病気を発症しました。統合失調症と双極性障害の診断があります。

母が「発狂した」と思われる日は突然来ました。

その日のことは今でもよく覚えています。夕食後で、私たちは居間でテレビを見ていました。ただ、その日、母はすごくぼんやりとしていて、口数が少なく、ずっと、なんか元気ないなという感じでした。話しかけても返事はないし、私たちと視線を合わせようともしません。トイレに入ると、ズボンを下ろしたまうつむいて便器に座り続けているだけで、三十分以上も出てきません。父が心配しながら、トイレからなんとか引っ張り出して

「お風呂に入って早く寝ろ」と母をお風呂に入れましたが、今度はそのお風呂から三十分たっても一時間たっても出てこずに、なんだかずっとぼんやりとしていました。

私たちは、心配で、「大丈夫かな」とか言いながら、代わる代わる、お風呂に様子を見に行きました。そのうち、父が我慢しきれず、「もういいから出るぞ」と言って湯船から母を引っ張り上げようとしたのですが、すると、母は「やめろー！」とか「いれるなー！」とか意味不明のことを叫びながら暴れ出しました。たくさん叫んで暴れながら、なぜだか裸で全身びしょぬれのまま玄関から外に出て行こうとするのです。父が慌てて羽交い締めにして止めていました。

すると母は「あおいはどこにいる」といって、私を探し始めました。裸で大暴れの母が私を連れて外に出て行こうとするのです。私は、とっさに押し入れの布団と布団の間に隠れました。見つからないように体をなるべく平らにして布団の一部であるように心がけて、息を殺して夜を過ごしました。九時間か十時間くらいも、布団の中でそうしていたと思います。頑張ったかいあって布団のなかで平らになれたのか、「どこに隠したの！」と叫びながら、母が探しに来て押し入れを開けた時にもなんとか見つからずにすみました。

その日はとうとう父も手におえず、しばらくたってから警察に電話をしました。でも、警察は「家族のことは家族でどうにかしてくれ」と来てはくれませんでした。一晩中父が母を押さえつけて、翌朝早くに母の兄弟が母を迎えにきて実家に帰っていきました。母は父に一晩中押さえられていたので口の周りがアザだらけだったのですが、母は私に「お父さんに口にチョコボールをぐりぐり付けられたの」と言ってきました。私はチョコボールではないことくらい分かっていましたが「そうなんだ」としか返せませんでした。突然豹変した母を見た時は衝撃的でしたが、それが何かは分かりませんでした。子どもだからというだけでなく、当時は精神疾患について今ほど情報がなかったので、私たち家族の誰にも分からなかったのです。

後で分かったことですが、母にはもともとその予兆のようなものがあったようで、結婚当初に、なぜか鬱々とした気分が続いて、精神科を受診したことがあるという話でした。そして、その二年ほど後にも、知人の勧めで精神科を受診したことがあったそうです。でも、そのことは家族のだれも知らないまま、突然「その日」を迎えることになったわけです。

母はその後しばらく実家に住み、除霊に連れて行かれたりしていました。急に人が変わったように意味不明の言葉を発して暴れたので、悪い霊にとりつかれたのかと思われていました。突然母はいなくなってしまったので、その頃から何となく身の回りのことは自分でやるようになりました。

実家から戻ってきた母に久しぶりに会った時は、暴れた時のことを思い出して少し怖いと感じました。母の目を見て話せませんでした。そんな私たちを見て母は「子どもたちがおびえている」と落ち込んでいたのを覚えています。母は帰ってきてから父に説得されて、父と一緒に精神科を受診しました。そこで医師に統合失調症だと告げられたわけですが、すると途端に母は医師に食ってかかり、その後は受診しなくなってしまいました。

精神科に対して、母は拒否反応が強く、受診に行ったり行かなかったりを繰り返していました。

診断を受けてから約二十年間、ここ二〜三年前まで、母は病状が治まって穏やかな状態の「寛解」と、治まっていた症状がまた悪くなる「再燃」を何度も何度も繰り返しました。

小学生の頃——再燃と寛解を繰り返す母。私は自分を傷つけることで

普段は普通の会話ができる母なのです。お化粧をして、周りの人に気を遣って、私たち子どもには、あまり怒ったりもしない優しい人でした。ご飯を作るのが好きで、調子のい

い時にはいろんな料理を作ってくれました。

母は病状がよいと「仕事をしたい」と言って、学校給食の仕事や知り合いの会社の事務などの仕事を始め、人間関係がストレスとなりまた調子が悪くなり、仕事を辞めて、薬を飲まなくなり病院にも行けなくなり、さらに調子がどんどん悪くなり、何とか薬を飲むようになるとまたよくなって、また違うところで仕事をしてと繰り返しました。病院に行かなくなるたびに、薬を飲まなくなるたびに、また飲むようにするのがとにかく大変でした。

母自身もともと偏見の強い性格でした。学歴にこだわったり、人を見た目で決めつけたり、精神疾患の人のことも「頭がおかしい人」と見下げるようなことを言ったり。それもあって、母は「私は頭がおかしくなんかない」と言って病気の診断を受け入れず、薬も全く飲もうとはしませんでした。精神科の病院に行くのも嫌がって通えず、はじめは父が水薬を病院からもらって、ジュースやみそ汁にこっそり混ぜて飲ませていました。でも、ある日母にばれてしまい「毒を入れられてる」と怒り出して、大変な騒ぎになったこともありました。

調子が悪い時の母は落ち込んで泣いていたり、だるそうに寝ていることが多かったり、話の流れや内容が全然分からないような脈絡のないことをずっと話していたり、ずっと水を飲んだりトイレに行ったりと、うろうろして落ち着かなかったり、ご飯が食べられなくなったり夜眠れなくなり、一人でぶつぶつ話したり、くすくす笑ったりしていました。

子どもの頃は、だるそうに寝ていることが多い母のことを、だらしがない人だと思っていました。寝てばかりの母に父は「だらしがない」と言っていました。私も母に向かって「だらしない」と言っていました。

母はよく近所の人の悪口や私の友達の悪口、父が浮気していると何度も何度も言っていました。友達のことを悪く言われることは嫌でたまらず、私は家で友達の話をしなくなりました。誰とどこで遊ぶかも全部秘密にするようになりました。

小学校高学年の頃に、父が母の病名について、「お母さんは統合失調症っていう病気なんだよ」と話してくれましたが、説明はそれだけだったので、それがどんなものか分からずに、「何でうちのお母さんはこうなんだろう」と友達の親と比べていました。

小学生の頃の私は一生懸命頑張っている真面目な子どもでした。自分を見てほしくて、褒められたくて、勉強も家事も一生懸命にしていました。

その反面、小学校高学年くらいから、一日を振り返り、自分が周りの人に迷惑をかけていないか、自分の言動が友達に嫌な思いをさせているのではないかと思って、少しずつ自分のことを傷つけることで発散する癖を身に付けていました。

中学生の頃──病気を抱え込み崩れていく家族。どうでもよくなっちゃって

中学生になり反抗期になった私は、すべてがどうでもよくなった時期がありました。父は家では常にお酒を飲み、あまり話にならず、不景気の影響もあり収入が低下したり、兄の暴力が原因で兄妹間が不仲になったり、家族の中での問題は母の病気のことだけではありませんでした。一緒に住んでいても大事なことは何も話せず、家族で母の病気を抱え込み、その問題をごまかしながらそれぞれが必死に生きていたように思います。

その頃の私は、だんだん家族に心を閉ざすようになり、いろいろなことに逃げました。一人でつらいときは、自分を傷つけることでつなぎ止めたりもしました。当時は本当に家にも帰りたくなくて、友達と遊びながら気を紛らし、学校は不登校がちになりました。一緒に遊んで、何も考えないで笑っていられる友達との時間が私の支えでした。学校に行かずに一緒に遊べる友人たちは、家庭環境に複雑な問題を抱えている人が多かったです。わが家は両親がいて自分は恵まれているという思いから、余計に泣き言は言えないと思ってい

ました。

急に糸が切れたように問題行動を起こすようになった私に、学校の先生は困っていたと思います。保健室登校を認めてくれた反面、別室登校と決められ、教室に入れることはなくなりました。学校の先生から勧められ児童相談所へ通っていましたが、学校の先生も児童相談所の人も私には信用できない大人でした。

私のことばかり聞いてきて、大人たちは自分たちのことはあまり出してはこない、警戒心が強かった私には遠い存在であり、周囲の大人たちに家族のことを相談することはなく、友人にだけ話してみるようになりました。

中学三年生のときの担任の先生は、私の気持ちとは反対に、一生懸命関わってくれていたと思います。受験や進学のことを心配してくれて、話をする機会をたくさん作ってくれたり、高校入試の合格発表にも付き添って来てくれたりと、私が約束を破ってしまってもずっと味方の存在でいてくれました。その先生にも相談することはなかったですが、私にとっておそらく最初の「いい人と思える大人」の存在だったと思います。

今でもたまには連絡を取り合い、応援してくれています。

高校生の頃──ネットで調べ母のつらさを知る。初めて母の病気と向き合うも

高校は定時制高校に進学しました。働いて自分で授業料を稼ぎながら通っていました。私が初めて母の病気と向き合えたのは、その高校二〜三年生の頃です。インターネットで病気について調べてみたことがきっかけでした。それまでは見て見ぬふりをしてきた病気について、特に何かがあってというわけではなかったのですが、ふと調べてみようかと思ったんです。

初めて母の病気についての知識を持ちました。今まで母の病気を治すどころか、悪化させるようなひどい態度をしていたことに初めて気が付き、母がよくならないのは私たちの態度もいけなかったのではないかと反省し悔やみました。

小学生の頃は寝てばかりの母に「だらしない」と言っていたし、過食があって食べてばかりで太っていることを、冷たい言い方で罵倒したりしていました。それが、知らないこととはいえ、どれだけいけないことだったか……。今までの自分を悔やんだ分、母をどうにかしてあげなければいけないと思いました。病気を抱えてつらい思いをしている母に対し、平気で暴言を言っていたことについての罪悪感で一杯でした。

わが家は、はたから見たらふつうの四人家族であり、母のことは周りからも気付かれにくく、うまく相談もできず、家族の中で抱え込んでもがいていたように思います。

病院に行かなくなる母に困って病院に相談したときには、「連れてきてもらわないとどうもできない」と言われたり、地域の相談窓口には、田舎であったため父から「近所の人が働いてるから相談してはダメ」と言われたりしていました。また、親戚に相談したときは「父のせいで病気になった」と言われたこともあり、家族の苦労を理解してくれる人は誰もいないのだと、相談するということをだんだん諦め、家族で抱え込まざるを得なかったようにも感じます。

結局家族の中で、私たちだけでどうにかするしかないのだと思いました。しかし、どうにかしたいのにどうしたらよいのか分からない、苦しくてつらかったですが、結局、誰も助けてなんかくれないんだと思いました。

母の話の聞き役は大体私だったので、一生懸命に母と向き合っていろいろなことを試みました。

例えば、母の話を聞くこと。これは一番頑張ったところでした。こうやって聞いたらいいのかな？ こうやって返事をしたらいいのかな？ いろいろ模索しながら、否定しないで聞くことや、聞き続けるために、私の気持ちをコントロールできるように心掛けるようになっていました。一番の目標は、母に病気だという自覚を持ってもらい、通院と薬を飲むことを続けてもらうことでした。

統合失調症などの病気は時に、症状による認知的な問題や偏見による心理的な問題などにより、「自分は病気であるはずがない」と、診断を受けたとしても認めることが難しいといわれてます。母も自分が病気だという自覚はありませんでした。その母にとって、通院と薬を飲むのを続けることは、不可能に近いほど難しいことで、これにはたくさんの気持ちをすり減らしました。

母は病院で病気の説明をきちんと受けたことがないと言います。少し前までは、急性期症状がある大変な時に、患者に病気の説明をしても理解してもらえないなどの理由から、精神科では、患者本人に病気の説明がきちんとされないことはありがちなことでした。そこで、私から母に伝えてみることにしましたが、これが結構大変でした。母を傷つけるだろうなとか心配しながら、言うタイミングを考えるわけです。調子が悪い時には、大変だからこそ勢いに合わせて言えるのですが、調子が悪い時に伝えても全然覚えていないのです。調子がいい時には、家族の間では病気の話は暗黙のタブーのようになっていました。その時に言うのは、面と向かって正座して……みたいな雰囲気になってしまうのです。しかし言わなきゃ変わらない、とはいえ勇気をもって伝えても、逆に母からしたら「子どもからそんなこと言われたくない」となって、怒ったりしてくるので、それで私の心も折れてしまう。母の調子が悪くなる度に、死んでしまうのではないかと心配でたまらなかったり、壊れちゃってるのではないかと怖くなったり、泣いている母を見ているのが、私もつらかったり……としんどい日々を過ごしました。

看護学校に進学――大好きな母のつらい姿は見たくない！

高校を卒業してから、看護学校に進学しました。特にやりたいこともなかったので、精神疾患について何か少しでも学び、この病気に詳しい人と出会って相談できる人ができればという思いと、家族に病気について詳しい人がいたら母はもっと良くなっていたかもしれないという後悔から進路を選びました。

看護学校で精神疾患の勉強をしたことで、病気なんだと割り切れるようになって、母との関わりが少し楽になりました。例えば、母がよく言う父の浮気の話などは、病気による妄想のようなものだと分かったし、だから、何とかしてあげたいと思うのではなく、症状だと知って関わるようにすることだと思えるようになりました。今まで振り回されてきた私自身の気持ちも落ち着いて関われるようになり、知識を持てたことは私にとって役立ちました。

学校で「家族会」という存在があることを知りました。初めて家族会に参加してみて、同じ家族という存在はすごく心強くて、教科書にはないような実践的で具体的な話をたくさん教えてもらえたし、相談にも乗ってもらいました。

母に対して、受け答えの工夫や病気についての説明だけではなく、父に母の病気の説明もしました。父は口が悪く、すぐ「お前は頭がおかしいから」などと暴言を吐いてしまうので、一緒にこういう風に言うといいんじゃないかと話したりもしました。

「環境を整えることは生命力を高めることにつながる」というナイチンゲールの教えを参考にして、環境を整えることもいいのではないかと、ごみ屋敷とさえ言われたことがあるわが家を、母と共に約一カ月間にわたり一緒に大掃除をしてみたり、病気や薬について調べて受診に付き添い、先生に一緒に母の様子を伝え相談もしました。母の通っていたクリニックの先生に病気の説明をしてほしいと頼んでみましたが、なぜかなかなかしてはもらえませんでした。紹介してもらったクリニックに、母を説得して連れて行って、病気や薬の説明をしてもらうことも試みました。そのクリニックの先生は、一時間以上かけて丁寧に病気のことや薬のことを説明してくれたのですが、母はそれを聞いて、死んじゃうんじゃないかと、本気で心配になったくらい大きなショックを受けたようです。しかしそれからは、もともと行っていたクリニックを休むことなく通院するようになりました。今でも、できることなら行きたくないと言っていますが、「あの先生に病気だと言われちゃったからなぁ」と話して通い続けています。

何年かかけて母と向き合い、試して失敗して試して成功して、たまたまなのか何なのか、母はだんだんとよくなっていきました。よくなってきたという兆しが見えるまでに六年くらいはかかっていたと思います。母は、明らかに怠薬をしなくなり通院も続け、調子の波も減りました。今まで自立支援医療すら拒んで申請できずにいた母が、障害者手帳を持ち、活用しながら暮らせるようにさえなりました。年のせいかもしれません。たまたまかもしれません。だけど、いろいろな試みを通して、母のことを一生懸命考えていることが伝わったことがよかったのかなと思います。

ここまで行動できたのも、考えてこれたのも、大切な母のつらそうな姿を見ているのがつらかったからだと思います。母の病気に振り回されたこともたくさんありましたが、子ども思いでとても優しくて、私のことを大事に育ててくれたのを知っています。不器用な母なりに、たくさんの愛情を注いでくれて病気を含めた母を私は大好きです。だからこそ、そんな母を分かりたかったし、つらい時はどうにかしてあげたかったです。

たくさんの葛藤がありましたが、家族以外の人の助言があったおかげで、母と一緒にやってこれたなと思います。

大人になって――生きづらさ。私の心は空っぽでした

そんな母の応援団として向き合ってきて、気が付いたら私は大人になっていました。

わが家は貧乏で、母から家にお金がないことを何度も聞かされていたので、中学を卒業してからはアルバイトを掛け持ちしながら、自分で生計を立てて学校に行っていました。お金を稼ぎながら学校に行き、勉強をして、毎日精いっぱいの日々の中、大人になった私は空っぽでした。私自身の心はいつのまにかすり減り、大人になってから徐々に生きづらさが生まれてきました。今までは、大人っぽいしっかりした子と言われてきて、母にも私が

アドバイスを言う役でもあり「大人っぽい子ども」として捉えられていましたが、実際に大人になると自分の考えが分からない、人に物事を頼めない自分になっていました。

これは社会で働く上で大きな壁となりました。自分の気持ちを押し殺しながら我慢することに慣れていて、誰かと話していても相手が求めている答えを考える癖ができていて、自分の気持ちが分からなくなっていました。なんでも一人でやろうとする癖ができていて、悩んだ時でも誰かに相談したり甘えたりすることができなくなっていました。

こどもぴあと出会い――心から共感しあえるという体験。自分の感情を大切に

今の私は、そんな自分の感情の一つ一つを大事にしながら、今度は母ではなく自分の感情と向き合う日々を過ごしています。そんな自分に気付き、自分と向き合おうとすることができるようになったのも、こどもぴあで同じ子どもの立場の仲間と出会えたことが大きいと思います。家族会は子どもが精神疾患である親の立場の方が多いのですが、四年前、同じ子どもの立場の方と初めて出会い、話をしました。その時、自分の気持ちを受け止めてもらい、心から共感しあえるという体験をして衝撃を受けました。

私が、私自身の体験について、「もっと大変な家庭もあるから私の体験なんてたいしたことないんだけど」と話すと、その場にいたメンバーが、「いや、たいしたことだよ。あなたは大変なことだ思っていいんだよ」と力説してくれたことが印象的でした。

それまで、そういうことを誰かに話したことはありましたが、そんな風に認めてもらえたことは初めてでした。一緒に泣いて、理解してもらった安心感というのを初めて感じました。これまで、頑張った自分という認識はなかったので、そんな風に言ってもらえて、これまでの生き方を肯定してもらえたようでうれしかったし、何より私の感情を大事にしてもらえたことがうれしかったんです。

気持ちを分かってもらえたうれしさと、一人じゃないんだって心強くもなれました。頑張った自分を認めてあげていいんだよって言ってもらえた時は、本当に心が軽くなりました。それまでは、もっと頑張れる、もっと頑張らなきゃと思って、走り続けてきたように思います。自分と向き合い、「つらい日々もあったけど頑張ったな」って自分で自分を認めてあげると少し心が楽になりました。過去と向き合うこと、自分自身と向き合うことができたのは、同じ子どもの立場の方と出会い気持ちを話せ、それを心から受け入れてもらえたからだと思います。

家族会に初めて参加した時は、何か情報を得られればいいかなと思って参加し始めましたが、自分自身の話をすることがこんなに大事だったんだということを身をもって知り、もっともっと自分の感情を大事にしなければいけないんじゃないかと気付きました。

精神科看護師となって――家族は感情が巻き込まれて当たり前

振り返るとたくさん悩んできました。多くのことを見ないふりもしてきました。病気を家族だけで抱え、長い間向き合うこともできず、そのことが家族間の問題も引き起こしてきました。しかし、これらは母や病気がいけないのでは決してありません。世間から受ける偏見が悲しく苦しく、私たち家族が否定されているようで、誰にも分かってもらえないという孤独を感じてきたからだと思います。しかし、私の中では病気を含めての母です。病気も母の大事な一部です。母の病気を通して精神疾患と向き合って、人の弱さやはかなさ、優しさや強さ…多くのことを教えてもらい感謝していることもたくさんあります。

今、精神科病院で看護師として働くなかで、たくさんの「気持ち」とも出会いました。精神科領域では家族支援はまだまだ広がっていません。家族が病気の原因と思われたり、子どもは幸せになれないなんて言われたりすることもしばしばあります。家族も家族で大変な思いを抱えて誰にも話せない孤独の中にいます。しかし、私もそうであるように、子どもは自分の力で幸せになれます。当事者も配偶者も子どももきょうだいも、幸せになれるし、それを手伝うことができるのが支援者だと思っています。本人のためにも家族のためにも、丁寧な説明を大事にしてほしいと思います。

そして、私はずっと母に対しひどい対応をしていた、正しい対応ができていなかったと罪悪感で一杯でしたが、最近はその考え方は変わってきました。家族として心配し巻き込まれることは当たり前にあります。感情が巻き込まれることが強いと「高ＥＥ家族」といいます。つまり、患者に対して強い口調や態度などを表すことを高ＥＥ（Expressed Emotion）といい、それが強いほど再発の危険があると言われますが、ひとつ屋根の下に住み、ほどよい距離感を保つことは非常に難しいと思います。一緒に住んでいることで必然的に距離感が近くなるし、家族だからこそ、ほっとけないという気持ちもわくし、逆に見えなくなる部分ができたり、怒りがわいたり、疲れたりもして、感情が巻き込まれもする。高ＥＥであってはいけないと思ってきましたが、なってしまうことは当たり前にあると思うようになりました。

支援者であり、他者である人が本人と関わることと、家族が関わることは全然違います。本やインターネットで調べても「妄想に対しては否定も肯定もしない」などの、当たり障りのないことは書いてあるけれど、実践的な話し方、伝え方、聞き方を誰も教えてくれるわけではありません。最初は母の思いを一生懸命聞いたり、聞くことすら嫌になって怒ったり、私は日々巻き込まれていました。家族として母の子としてできることをやろうとたくさん向き合ってきて、気付いた頃には、相手の感情ばかりを優先して自分の感情を押し殺していることに慣れて、常に虚無感をもっている自分ができていました。大人になってもどう生きていけばいいのか分からない、ただがむしゃらに頑張ることしかできなくなっているという空っぽのもの……。それは本当の私ではないし、母が望んだ「私」でもないと思います。

ですから、支援者の人には、家族は家族としての関わり方があること、そして家族の思いを大切にして聞いてほしいと思います。

生きていきたい――よい支援があれば安心して病気になれるんじゃないかと思う

過去に自殺未遂すらしようとした母ですが、還暦を迎えた時に「長生きしたい」と話していました。その言葉を聞いて私は、母は生きてきて良かったんだなと心から感じることができました。親のつらい時をたくさん見てきた子どもは、少なからず「こうなりたくはない」と感じていると思います。私もその一人で、母のように苦しくなりたくないと思う反面、例えば、返事の仕方が一緒だったり、うっかりしていたり、小さなことを気にする性格や、掃除が苦手なところなど、母と似ているところを感じる度に、私もいつか病気になるのではないかと怖くもなります。それでも、たくさんの方と出会い、すてきな支援者さんと出会うと「病気になっても大丈夫だ。世の中まだまだ捨てたもんじゃないな」って希望をもつようにもなりました。誰でもいつ病気になるかなんてわかりません。よい支援があると思うと、少し怖いけど、安心して病気になれるんじゃないかと思うからです。

今や精神疾患は、糖尿病や高血圧のように誰もがなりえる病気といわれています。だから、人ごとではなく自分事として、として考えて、これまでよりも開かれた世界になってほしいと願っています。

3

家族自身が困難を抱え支援を必要としていることに目を向けてほしい

山本あき子 やまもと・あきこ＝仮名

（27歳　女性　精神科訪問看護師）

両親と姉一人。母が四十歳代で双極性障害（ラピッドサイクル）を発症。幼少期より病状の影響を受けて養育される。高校より児童養護施設で暮らす。高校卒業後、看護学校、大学へ進学。卒業後は精神科訪問看護師として精神障がいのある人の支援を行っている。母は現在、精神科病院に長期入院中。

幼少期～小学生時代——父が不在の家庭で、母は姉妹を一人で育てていました

私の家族は、父、母、姉、私の四人家族でした。

父は家族を経済的に支えてくれましたが、研究職で仕事が忙しく、私が幼い頃からほとんど家にはおらず、一緒に暮らしたことはほとんどありませんでした。それでも週末になると時々帰ってきていたようで、月に三回ほどは顔を合わせる機会がありました。

そういう時の父は、朝方帰ってきてお酒の匂いをさせて布団にもぐりこんでいました。父と会話したという記憶は、ほとんどありません。母はそんな父のことを「あの人はＡＴＭだからね」と言っていました。

母は躁うつ病（双極性障害）です。

その原因の一端は、不在がちで、家庭を顧みず、すべて母まかせにした父にあるのではないかと思っています。

母は、父が不在の家庭で、専業主婦として私たち姉妹をほとんど一人で育てていました。そしてわが家には、生活全般に母の定めた厳格なルールが数多くありました。例えばテレビを見てはいけない、食事中に話をしてはいけない、友達と遊んではいけない、家族以外の人と話してはいけないなどです。

母がなぜそのようなルールを守らせようとするのか疑問に思うこともありました。でも、私が「どうして?」と聞いても、母はただ「うちの決まり」と答えるだけでした。

母の言いつけを守りながら家の中で過ごし、遊び相手は姉だけでしたが、姉と二人で遊んでいると、「うるさい、だまりなさい」とよく怒られました。

とはいえ、出産後、私が十一歳の時に初めて精神科を受診するまで、母に精神的な病気という診断はありませんでした。

五歳の頃—鬼のように怖かった母。優しそうな近所のお母さん

今でも忘れられない光景があります。五歳の頃でした。遊んだおもちゃを散らかしたままにしていたところ、母が子ども部屋に来て甲高い声で「きたない、きたない、きれいに

しなさい、できないなら燃やします」と怒鳴り始めました。おもちゃを全部ごみ袋に入れて、庭先に持って行き多目的ライターで火をつけようとしました。姉と私は泣いて謝りましたが、それでも母の怒りは収まりません。激怒した母はとても暴力的でした。怒りにまかせて胸の真ん中を手で突き飛ばされました。今でもその時の痛みや光景、母の表情が忘れられません。

母は鬼のように怖かったです。時々会う近所のお母さんは優しそうで、よそのうちの子どもになりたいと思いました。

怒鳴らない、殴らない、欲しいものを買ってくれて、お菓子を食べることを許可してくれて、そして、お父さんがいる、そんな家の子どもです。

小学生の頃――「あの先生は悪魔だから」。母の言うことは絶対でした

小学生になると、ルールがさらに厳しくなりました。友だちと遊ぶこと、家に友だちを招くことなどはもちろん考えられませんでした。学校から帰ると持ち物を全てチェックされました。同級生と遊ぶことや交流をもつことを極端に嫌うため、学校ではいつも一人で

した。

小学校低学年の頃も、母は精神疾患の診断を受けていませんでしたが、病的な言動はひどくなりました。私が母の決めたルールに抵触すること、例えば、友達から何かもらったりすると、それだけで母の目つきが急に険しく、鋭くなります。私は、それを誰にもらったのかと詰問され、隠しきれずに漏らしてしまうと、その子の家に電話したり、時には直接訪ねたりして、苦情を言いました。「隣近所の人からひどい扱いを受けている」「同級生の母親は精神異常」「担任の先生は悪魔だ」などと口走ることもありました。毎年行われる家庭訪問で、先生が帰った後には、決まって「あの先生は悪魔だから言うことを聞いてはいけない」と言われました。私は、母の言うことが絶対でしたから、なるべく先生とは関わりを持たないように、そのためには問題など起こさないようにと、心に決めていました。

そんな母でしたが、ほかの家のお母さんとは違うと感じながらも、私は母のことが好きだったので嫌われたくありませんでした。

機嫌を損ねると、身の危険を感じるくらい怖い思いをする、だから嫌われたくないということもありましたが、やはり、母は母です。子どもとして、母親のことが好きでいたかったのです。

小学校三〜四年生の頃 ― 自傷すると悪い自分が許される気がしました

でも、小学校三〜四年生の頃になると、母は家族だけではなく、学校の先生や同級生に対しても攻撃的となりました。何かにつけて怒鳴り込みに行き、訳の分からない言いがかりをつけて大騒ぎしたり、同級生の母親に「うちの子に変な遊びをさせるな」と怒鳴ったりしました。母が怒鳴り込んで、そのために口をきいてくれなくなった同級生もいました。

私は、母の振る舞いがとても恥ずかしくて、その度に消えてしまいたいと思いました。

母の攻撃が自分に向くのを避けたい、何とか怒られまい、嫌われまいと必死に指示に従いました。うそをつくのは上手になりました。それでも小学生の私よりは母の方が上手で、母のルールを守れず、一週間自宅謹慎処分となったこともありました。

それは、午後四時までに帰宅しなければならないというルールを、家に帰りたくなくて寄り道をしたために守れなかった時で、家に帰ると、母は激怒して、「言いつけを守れないなら学校に行かなくてもよい」と言いました。そして、「部屋から出てはいけない」とも言われ、一週間、学校を休まされました。学校には「家庭の事情で休ませます」と、連絡していたようです。

子どもながら母の振る舞いが恥ずかしく、時にはありもしないことを理由に怒鳴り込んだりするため、明らかに異常だと思いました。しかし、母がそのように振る舞うのは、自分が何もかも悪いと思っていましたし、誰かに相談するということは全く思いつきませんでした。

母の行動により嫌な気持ちになったり、叱責されると、自分で体をたたいたり、つねったり、壁に頭をぶつけたり、時にはかんだりひっかいたり、自分を傷つけ罰するようになりました。そうすると、悪い自分が少しだけ許される気がしました。

小学六年生—中学受験にすべて失敗した私。母はついに壊れました

状況が変わったのは小学五年生の頃でした。

激しく監視し、怒り狂う母もいれば、時に数日から数週間寝込んで何もしなくなる母の姿もありました。この頃から、はっきり双極性障害の症状があったように思います。母はなぜこんなに毎日様子が違うのだろう、今日はどんな様子なのだろうと顔色をうかがいながら過ごす日々でした。母はそれまで以上に日々様子が変わり、一日の中でもコロコロ機

嫌が変わっていきました、母の様子に戸惑いましたが、どうすることもできませんでした。朝には寝込んで落ち込んでいる様子だったのに、昼には元気に家事をしていて、夕方には部屋を片付けなさいと怒鳴りはじめ暴力的になったかと思えば、再び落ち込んで、今度は泣きはじめたり……。情緒不安定な状況が続きました。

小学校六年生の冬の出来事です、私は母の期待を裏切り、中学受験にすべて失敗しました。五年生の時から、母はとても張り切って、私に受験勉強の指導をしてくれたのに、私はその期待に応えられなかったのです。

その出来事がストレスとなったのか、母はついに壊れました。どんどん元気を失い、表情を失い、何もできなくなっていきました。元気な時が全くなくなり、死のうとしはじめました。母が死のうとするのは私が受験に失敗したからだ、母を追い詰めてしまった私が悪いと罪悪感でいっぱいでした。母は度々危険な自殺未遂をして救急車で運ばれました。

初めは一〜二カ月に一度程度でしたが、ひどくなるとそれは週に一度ほどにもなっていました。「死ぬ」と言って、家を出て、あたりを放浪することから始まり、風邪薬を一瓶飲むとか、リストカットをするとか、首を吊ろうとするなど、そのやり方も次第にエスカレートしていきました。

自殺未遂、救急病院、暗い待合室——ただ泣くだけの私たち姉妹に大人たちは

私は、なぜ母が死のうとするのか分からず不安でした。同時に、生きようとしても生きることのできない人が多くいる中で、勝手に死のうとする母に対して怒りの気持ちもありました。何も理解できませんでした。

救急車で病院へ運ばれても、病院のスタッフはほとんど頼りになりませんでした。私たち子どもに対して、いつ、どこで、何をしたか、変わった様子はいつからなのか等、事情聴取をすることはあっても、誰も泣いている私たち姉妹を慰めてくれず、暗い待合室でずっと待ちました。そして体の治療が終わると「もう帰っていいですよ」とすぐに家に帰されました。そればかりか、市販の睡眠薬や風邪薬を大量に飲んだ母に対し、「そんなんで死なないから！」と説教をしたり、陰でこそこそと「プシ（精神障がい者を侮辱する隠語）は困るよね」とめんどうくさそうに話したりしていました。その言葉の意味は分かりませんでしたが、母が侮辱されている、ひどい扱いを受けていると直感しました。

どうして病院で母を元気にしてくれないのだろうと疑問でした。病院の人は誰も助けてくれない、母のことを笑った病院の人が憎いと思いました。その後も短期間の間に母は何度も自殺未遂をして死の淵を歩き、その度に生き延びました。大半は薬の飲みすぎでした。病院の救急部は、身体の異常を治したらすぐに退院させました。どうして母を最後まで治してくれないのだろうと疑問でした。誰も「母の様子がおかしいのです」という私たちの訴えを聞いてくれませんでした。もう大人は助けてくれない、誰に言っても無駄だと思いました。

小学卒業間近の記憶1――窓から突然母が落ちてくるのが見えました

病院から自宅へ帰されても母の体調は良くなったわけではなく、学校に居ても何をしていてもいつも母の様子が気になり、今日こそ母が死んでしまうかもしれないという不安は心から離れませんでした。しかし、母が死のうとしたことや様子がおかしいことは他人には絶対に知られてはいけないと思いました。母が自殺未遂をした日も、毎日何事もないように学校にいき、優等生を演じ笑顔を振りまいていました。自分の心と体がばらばらになっているのを感じました。

　小学校卒業間近のある日、母は自宅の二階から飛び降りました。その日は土曜日か日曜日で学校は休みでした。母は朝から落ち込んだ様子で、私と姉をリビングに呼び、生命保険の証書を見せました。そして、死んだらここに連絡するようにと言いました。母の目はうつろで意識ももうろうとしている様子でした。それから、私たち姉妹は自分たちの部屋に戻りました。

　母が飛び降りたのは、夕方でした。母の部屋は私たちの部屋の真上にあって、ちょうど勉強机に向かっていた私は、窓から突然母が落ちてくるのが見えました。その日のことで、覚えているのはそれだけです。すぐに救急車が来て、母は病院に連れていかれ、私たちは警察に保護されました。救急車が向かったのは精神科のある総合病院で、そこで母はようやく正式にうつ病と診断されました。

　母が精神科病院に入院し私の生活は大きく変わりました。初めの一カ月は母方の祖母が時々様子を見に来てくれました。相変わらず父親からは十分なお金が振り込まれていたため、経済的に困ることはありませんでした。簡単な食事の支度や洗濯、家事などは自分でできたので、特に生活に困ることはありませんでした。

小学校卒業間近の記憶2――姉の発症。すべて自分のせいだと思いました

母が精神科病院に入院し一ヵ月ほどした夜、今度は姉が暴れだしました。姉は「あぁぁぁぁぁ！」と意味不明の悲鳴のような言葉を発して、「死ね！」などと叫びながら、ハサミを持って自分の髪の毛をめった切りにし大声を出して暴れました。突然豹変した姉の様子はあまりにも恐ろしく、私は警察を呼びました。姉は精神科病院へ連れて行かれ複雑性ＰＴＳＤ、統合失調症、解離性障害と診断され、九年に及ぶ長期入院生活が始まりました。私は児童相談所（児相）に保護され、一時保護所で生活するようになりました。

突然これまでの生活がすべて途絶えました。児相の一時保護という措置になると、身辺保護のために外部との一切の交流はもちろん、連絡も取れなくなります。私は、学校にも通えなくなり、閉鎖された空間での生活に戸惑いながらも、数カ月おきに繰り返す母親の入退院に合わせ保護と家庭復帰が繰り返されました。自宅で一緒にいると、母に「死にたい」「落ち着かない」「苦しい」「お前のせいだ」という言葉を聞かされ、多くの時間を母の話を聞いて過ごしました。どれだけ聞いても、母はひとつもよくなりませんでした。薬を

飲むよう勧めたり、病院に行くように促したりすると、余計に機嫌が悪くなるため解決策がありませんでした。私はどうして良いのか分かりませんでした。うまく対応できず、母が再入院するのは、すべて自分のせいだと思いました。

中学生の頃──母はそう状態に。気のすむまで私を殴りつけののしりました

中学二年の夏、母の病状は大きく変化しました。突然「私は世界で一番」「何をやってもうまくいく」と快活になり、元気いっぱいな様子でした。初めは母が元気になった、元に戻ったと思いました。

しかし、だんだんと元気さは余るようになり、一回で数十万円ものお金を使う事もありました。あるスーパーで、じゅうたんの販売会が行われていたのですが、母はそこへ出掛けてそう状態となり、全部で七十万円ものじゅうたんを買って帰ってきたのです。生活はだんだんと乱れていきました。深夜まで買い物に出掛け、夜中にテンションの高い母にたたき起こされ、戦利品を披露されました。私は母の機嫌が悪くなるのが嫌なので、いつも「すごくいい」とか「いい買い物したね」と褒めるようにしていましたが、最初はその反応

に気をよくしていた母も、そのうち「本当にいいと思っているのか」と突っかかってくるようになり、次第に激高して暴力的になりました。

私の反応が気に入らないと、母は気のすむまで私を殴りつけののしりました。泣いて謝り私はようやく解放されます。母の対応のため毎日睡眠不足でした。食事もままならず、そういう状態でも母は車の運転をするので、母の運転する車がいつか人をはねてしまうのではないか、いつか母が人を殺してしまうのではないかと不安でした。

母は外に向けて異様なエネルギーを発散しました。ほとんど眠ることなく、一日中歩き回り、朝出掛けて真夜中に帰ってきて、また休むことなく外に出掛けていきました。その母の様子は獣のようでした。子どもながらに母の様子は異常だと気が付き、泣きながらなんとか入院させてほしいと母の病院に電話したり、児相に電話をかけ保護を求めたりしました。

病院の人は母を病院に連れてくるよう言いましたが、私一人では、そんなことはできるはずもありません。児相の人は母との接触を試みましたが、ついにかなうことがありませんでした。次第に母の行動は近所の人たちや世間に大きな迷惑をかけるまでになり、何度も警察のお世話になりました。真夜中に知り合いの家に電話をかけて、自分が買ってきたものを売りつけようとしたり、家の敷地に近所の犬が入ったなど、ささいなことで怒ったり、怒鳴り散らしたり、相手の家に乗り込んでいく、などなど。最終的には、近所のコンビニの店員を殴りつけてけがを負わせ、措置入院（公の介入による強制入院）になりました。母の本当の病名は双極性障害でした。

父と母は、この頃には離婚していて、父は養育費だけは送ってくれましたが、それ以外の面で、私たちの助けになるということはありませんでした。

一時保護所から児童養護施設へ——自分を傷つけると罪悪感が薄れました

母の入院が長期化したため、私は一時保護所から児童養護施設へ入所することになりました。施設での生活は穏やかでした。食事を残しても怒られず、テレビも見ることができ、安心して何時間も眠れました。施設に移ってからはもとの学校へも通えるようになりました。

でも、生活が急に変わりふとわれに返ると、自分が家族を壊してしまったように思いました。私がもっと我慢して母をなだめることができたなら、問題はこんなに大きくならず、母が警察に連れて行かれたり、入院したりすることはなかったのではないかと思ったりしました。私は、自分を責めてばかりいました。自分だけ保護され、方や母や姉は鍵のついた精神科病院で自由のない生活を送っています。自分だけが何事もないように日々を送れることに罪悪感がありました。私自身精神的に参って、病的に元気を失っていました。生きていることさえ罪に感じ、自分で自分を罰する自傷行為が頻繁になりました。カミソリで前腕や上腕、時に大腿部《だいたい》を切って傷をつけました。すると、その瞬間だけ、罪悪感が薄れました。毎日死にたくて仕方がありませんでした。

中学校へ復帰――初めての告白。先生がわがことのように泣いてくれました

施設入所を境に元の学校へ復帰しました。学校の先生たちは私の身に起きていることをすべて知り、静かに見守ってくれていたと思います。私は、自分の感情を表にすることを避けていました。自ら、家族のことや母親のことを話すこともありませんでした。特に、自分自身が精神的に不安定で、自傷行為を繰り返しているということは、隠し通さなければならないと思っていました。

そんななか、元気のない私の姿を見ると、何度も「何かあった？」「大丈夫？」と声をかけ続けてくれた先生がいました。若い女性の英語教員でした。本当に根気よく声をかけ続けてくれたため、施設に入って数カ月したある日、ついに私は思わずこれまでに起きてきた家庭内の出来事、つらかったことを一気に打ち明けました。それまで決して言ってはならない秘密としていた出来事を、人に打ち明けるのは初めての経験で、とても勇気のいることでした。

その頃、私はクラスの中でいじめにあっていました。教室に掲示されている掲示物や顔写真を押しピンでつぶされたり、靴を隠されたりするということがありました。やがて先生がそのことに気付いて、放課後に呼び出されました。私は、今まで受けてきたいじめについて話すようにと言われ、ぽつりぽつりとそれを話すうち、先生に「死にたいと思ったことはありますか」と聞かれました。私は、その時、とても死にたいという気持ちでいたので、その質問をされて、泣き出してしまいました。そして、なぜ、死にたい気持ちでいるのか、つらい気持ちでいるのかを話すことになりました。それは、家族のことを話すことでもありました。

話していくうちに、先生がわがことのように泣いてくれました。一緒に泣きました。

中学卒業前――「あなたは自由になりなさい。あなたの人生を歩めばいい」

話をしたからといって、環境や母の病気が良くなるわけではありません。それでも、自分のために本気で悲しんで泣いてくれる人が居るのだということに驚き、また「話せた」という経験が、言葉に言い表せないほど私を解放してくれました。

先生は、学校ではせめて自由に一人で過ごせるようにと、いつでも休める部屋を作ってくれたり、中学卒業まで定期的に話し合う機会を作ったりしてくれました。児相との会議にも同席してくれました。先生の助けもあり、私は中学校時代を生き延びました。

卒業を前に、その先生から言われた言葉がありました。

「もう、あなたは自由になりなさい。あなたの人生を歩めばいい。親から離れても、見捨てただなんて思う必要はないのよ」

中学校卒業後、私は家に戻るのではなく、児童養護施設に行き、家族から離れて過ごすことを決めました。

高校生の頃——

初めてできた友達と小遣いで肉まんを買い駅のホームで食べました

私は高校へ進学でき、施設から学校へ通いました。施設では家族の問題から離れて生活することができました。ひとまず母や姉のことは病院の人や大人に任せようと思いました。その代わり自分自身の精神的な問題と向きあうこととなりました。過去の記憶が思い起こされるたび、ひどく傷つき、コントロールできない感情や行動に襲われることもありました。

施設での生活は、自分の精神的な問題との戦いでしたが、テレビを見る、本を自由に読む、友だちと遊ぶ、部活動をする、無理なら残しても良い食事、好きな洋服を自分で選んで買うなど自由がありました。少しずつ自分の生活を楽しんでよいということが分かり、さまざまなことを楽しみました。それまで友達という友達がおらず、学校帰りに寄り道をして帰ることなどありませんでした。高校時代に、初めてできた友達とお小遣いで肉まんを買い、駅のホームで食べました。してはいけないことをしているのではないかというドキドキ感と、堂々と許されていることをしている安心感と、複雑な気持ちがあったのを今でも鮮明に覚えています。

その友達には、いろんなことを包み隠さず話しました。施設から通っていること、自分が精神的に問題を抱えていること、それに両親のこと。友達は、何も言わずに受け入れてくれました。

高校三年間で、私は少しずつ心と体の健康を取り戻し、勉強や部活動に一生懸命取り組みました。高校卒業後の進路を選ぶ際、両親を頼りにすることはできないので、経済的に自立して生きていけること、学費がかからないことを念頭に考える必要がありました。すぐに働き始める選択肢もありましたが、母や姉の病気を理解したいといった個人的な動機や、周囲の「より堅実な進路を」との勧めもあり、看護学校に進学することを決めました。

その頃まだ続いていた自傷行為も、三年の時の副担任に「自分のことを守れないやつに看護師を目指す資格はない」と一喝され、「自傷行為をやめて看護師になってやる」と思い始めてから、徐々にコントロールできるようになっていました。

看護学校に進学——十八歳になった途端、母や姉のことが全て私に

看護学校に入学すると、本格的にアパートで一人暮らしを始めました。在学中、私は十八歳を過ぎ、児童福祉の保護から外れました。しばらくすると、母や姉の支援者、本人から呼び出しや連絡が入るようになりました。面会に来てほしい、お小遣いが足りない、日用品が不足している、などなどです。私は、なんとなく「私がやらなくてはならない」と思っていたので、学業の傍ら必要な手続きや日用品の準備、金銭の管理などをしました。母や姉の面倒を見ることに対して、何の疑問や負担感もありませんでした。周囲も家族が面倒を見る、手助けをするのは当然だという態度でした。

私が成人を直前に控えた頃の出来事です。

姉のことで問題が起きました。姉は発病して以来、約八年の長期入院をしていたのですが、ある日、病院に行くと姉の担当医や看護師、相談員から、姉を退院させようと思うが、そのための条件として、姉と同居することや生活面や経済面での援助を求められました。その場では、入院が続いている姉を何とかしてあげたいという気持ちや、八年間も精神科病院で縛りのある生活を送っている姉に対する後ろめたさがありました。また、他人の世話

をする看護師になるのに、家族の面倒を見られないでどうする、と周囲から責められている気さえしました。とても心が揺らぎました。しかし最終的には、学生だった私には経済的にも、精神的にも姉を支えることは難しいと思い、「今は、姉と一緒に暮らすことはできません。」と手紙を出しました。結局、姉は入院がしばらく継続され、その後、一人暮らしの練習のためのグループホームに入りましたが、私は、罪悪感でいっぱいでした。それから何年かの間、罪悪感で姉と顔を合わせて話すことができませんでした。

大学進学 ― 支援をするのは家族ではなく支援者の役割と考えられるように

看護学校卒業後、さらに保健師の資格を取得するため、働きながら大学へ進学しました。家族と物理的な距離をとれたこと、そして何より自分が心から希望して選んだ大学生活は充実し、ようやく人生を取り戻せたと思いました。自分の生活を楽しめるようになったことで、少しずつ家族との関係性に余裕も生まれました。大学最終学年の頃には一～二カ月に一回の面会と、支援者と定期的な連絡もとるようになりました。

私は次第に母親の病気は母親の問題であって、私の問題ではない、支援をするのは家族の役割ではなく支援者の役割と、割り切って考えられるようになっていきました。そして、家族との交流は、もう以前ほど苦しくありませんでした。

精神科訪問看護師として生きる決意 ― 一人の若い母親と出会って

私が看護師になるきっかけは、一番に母や姉が精神疾患のある病者であったことの影響が大きくあります。もしも、私に病気に対する知識や適切な対応ができたら、どれほど状況は違っただろうかとの後悔の念がありました。また、母が自殺未遂をして運ばれた病院のスタッフが、母に対して侮辱的な対応をしたことに対する恨みの感情もありました。病気のことを理解して、私は絶対に母や姉のことを大切にできる医療者になると心に決めました。

勉強をすると精神疾患に対する正しい知識は身に付きましたが、いつまでたっても母や姉の前で陰性感情（怒り、嫌悪、憎しみなどネガティブな感情のこと）に支配され、心の底から平安でいられることはありませんでした。私は家族としてとことん無力で、何の役にも立ちませんでした。大切な人を看護できない自分は失格だと、看護師として働くことをあきらめようと思ったこともありました。その頃は、看護師はもちろん、精神科で看護師をするなんて想像すらできませんでした。

そんななか、研究活動で、ある精神科訪問看護師と出会いました。精神科訪問看護師というのは、精神疾患がゆえに何らかの生活障害、暮らしにくさ、生きにくさを抱えている人への共感的な態度をもって、それらを改善するための方策を一緒に考え、また助言するといった仕事をする人たちです。

その精神科訪問看護師は、統合失調症のある両親と子どもが一人いる家庭を定期的に訪れていました。親子はとても楽しく生活をしており、母親は病気のことや子育てのことを包み隠さず訪問看護師に話し、母親として子育てを楽しんでいるように見えました。私にはその姿が衝撃的でした。そして、その母親は私に「私は病気があっても生涯この子の母親でありたいと思っています。母親として生きることが私の生きがいで、母親として生きることを支援してもらいたいんです」と話してくれました。「母親として生きることを支援してもらいたい」という言葉が私の心に刺さりました。障がいがあっても母親として生きることでその方は生きる力を得て、親子は幸せに暮らしていました。その親子のそばには精神科訪問看護師や行政の保健師など支援者がおり、親子の生活をそっと見守り、力強くサポートしていました。私はその姿に励まされ、私にもできることがあるかもしれないと、精神科訪問看護師になることを決めました。

家族の限界——家族もまた、困難を抱えて支援を必要としています

精神科訪問看護師になって程なくしてのことでした。私は、精神疾患をもつ親とその子どもの支援に入り、病気のある母親の支援をしました。その時、私は自分の母親に抱いたような陰性感情を少しも抱くことなく、冷静に仕事ができました。そこで、私は精神疾患のある人に、仕事として向き合うことと家族として向き合うのとでは、全く心の負担が違うということに気が付きました。

私には自分の家族を支援することはできない、その時、心からそう思いました。そして、そのことを自分で認めた時、私は共依存的な家族という呪縛から解放されました。母のことは私が何とかしなければならないという思い込み、何とかしなければまわりに大きな迷惑がかかる、自分しかいないのだという感情から解放されたのです。

私にとって母や姉は唯一の家族です。母にとって私は唯一の娘です。わたしが母を支援

者として支援できたとしたら、もはや私は母の娘ではなくなると感じます。大切な家族だからこそ、物理的にも心理的にも適度な距離感をもって関わり合えるようになることで、時間をかけて少しずつ落ち着きを取り戻していったように思います。家族だからできること、家族にしかできないこともあります。しかし、それよりもむしろ、家族ではないからこそできること、家族でない方が良いことの方が多いのではないかと思います。

具体的な支援、例えば病状の波、「死にたい」という気持ちを受け止めるといったことは、家族がすることもできるかもしれないけれど、家族であるがゆえに心配する気持ちが高じたり、冷静さに欠く対応をしたりする可能性が高いのです。客観的な視点をもって、心理的な距離を置いて対処のできる支援者、つまり家族でない第三者がすることが望ましいのです。

現在、母と姉は変わりました。母はなんとか治療を続けています。少なくとも一年中自殺未遂におびえたり、措置入院になるほどひどいそう状態になったりすることはなくなりました。姉も退院し、少しずつ自分の生き方や夢を見つけはじめています。今もフラッシュバックなどの症状に苦しみながらも、病気に向き合い、本人なりに夢に向かって一生懸命生きています。

精神障がいからくる養育の困難や、病状が子どもに与える影響はとても大きなものがあります。それが虐待なのか、病気の影響であるのか、その判断や見極めはとても難しいと思います。私自身の経験は「虐待」として判断され、母子の分離へと措置されました。

もし、私の母に対し、虐待する精神障がいのある親としての視点から措置が施されるのではなく、母が母親として子育てをし、病気による困難と向き合いながら、子育てをできるような何らかのサポートがあったとしたら、母は私の母として、私は母の子どもとして生活する人生を送れたのかもしれません。

病気や障がいのある人にとって、家族は「キーパーソン」として大きなサポート力を発揮できる存在というのは事実かもしれません。しかし、あくまでも家族は当事者の支援を担う支援者の一員ではなく、当事者を取り巻く家族として、困難を抱き、いつも支援を必要としています。

日本には、家族の問題は家族で解決するべきだという考え方が根強く残っています。でも、繰り返しますが、当事者のみならず、家族もまた支援を必要としているんです。その視点が、どれだけ支援する側にあるでしょうか。支援者が、家族も支援者だからと、支援を担わせきりにするのではなく、家族が困っていないか、つらい思いをしていないか、どんな困難を抱えているかに目を向け、実は、家族も支援を必要としている存在であることに気が付けば状況は少しずつ変わっていくと思います。

病気があってもなくてもそれぞれの家族が家族らしく生きていけるよう、母親が母親らしく、子どもが子どもらしく、きょうだいがきょうだいらしく当たり前に生きていける、そんな支援の在り方が求められています。

まさか母と同じ
双極性障害に。
就労で
リカバリーする姿を
見せてくれた母！

4

田村大幸　**たむら・ひろゆき**

（43歳 男性 就労支援員 / 精神保健福祉士）

母が双極性障害Ｉ型。生まれたときにはすでに母は発症していたが、特に困った経験もなく育つ。しかし大学三年時に母が躁状態になり入院。サポートする傍ら専門商社に就職するも、入社五年目で、今度は自分がうつ病を発症し退職。体調の波があり、うつの再発二回、仕事が続かない。発症から八年後、双極性障害II型と診断されるが、医師と二人三脚で寛解しＮＰＯ法人に就職。就労支援員四年目。精神保健福祉士。両親は現在、二人暮らし。母も寛解しパートで働いている。

小学生の頃——生まれた時には発症していたが、明るくて優しくて誠実な母

私の母は精神障がいの双極性障害I型と診断されています。しかし、私は成人になるまで母のことで困ったことはありません。むしろ大変だったのは父のほうでした。

小学生の頃、私は父親が嫌いで、よく「お父さんを変えてほしい」と母親に言っていました。父は自分の考えが一番正しいと考える人で、キレやすく、力でねじ伏せる人でした。ですから家族の会話も慎重です。父の発言に対して、疑問や否定的な意見は言えません。いつも何が起こるか不安でたまらなく、家の中が張り詰めた空気になることは日常茶飯事でした。

学校で起こった友達とのもめ事などを母に話しているところを父に聞かれると、「ばかにされたら帰ってくるな、けんかして勝つまでやってこい」と怒られ、何でそういう極端な考えになるのか理解できませんでした。

さまざまなことがわが家では起きましたが、父が仕事から帰宅して、母が作った夕食の

おかずを見て気に入らない時は「なんだ、この料理は！ 働いてきたのにばかにしやがって」とテーブルをひっくり返して一方的に母をしかりつけ、母が謝ってもその怒りはなかなか収まりませんでした。父親がキレたら後先考えず部屋の物にあたり何でも壊します。母親が泣きながら片付けるのを一緒に手伝っていました。

石の灰皿を母親に投げたこともありました。父は感情をコントロールできない人で、母は身を守るためにはだしで外に逃げることもありました。そのようなことが子どもの頃にあったので、一方的にキレるタイプの人と出会うことが今でも一番嫌いです。それは子どもの頃の恐怖と無力さを思い出すからです。

私には五歳上の兄がいます。小さい頃の五歳差はとても大きく、父親の行動が理不尽だと思う分、私の世話をしてくれる兄は私にとって父親のような存在でした。両親の間に何か起きそうなとき、私は父親の関心を自分に向けさせようとばかなことをやったり、父親の機嫌を伺うような行動をとったりしましたが、小学高学年の兄は父親の矛盾を指摘して母親を守ろうとしていました。私には勇敢な姿だと映りました。

しかし、その行動は父親の怒りを助長させます。あるとき、遠足の朝に父親に対して意見を言った兄は、怒った父親にほっぺたをたたかれ赤く腫れ上がってしまいました。母親は「そんな顔で遠足に行かないでいいんだよ。休んでいいんだよ」と言っていましたが、兄は顔が腫れていても遠足に行きました。その行動に私は、「父親の暴力には屈しないぞ」という意思を兄が示したように感じました。母はそんな兄をふびんだと泣いていました。

私が小学校の頃の母は、明るくて、優しくて誰に対しても誠実で公平な人でした。学校でけんかをして自分の言い分を母に話すと一生懸命に聞いてくれました。ただその次には、「相手はどう思っているんだろうね?」と話を結ぶので、私は自分の行動を振り返り、悪い点を見つめ直すことができました。

また、母からいつも言われていたのは、「あいさつ・ありがとう・ごめんなさい」を言うこと、「良い行いをすれば良いことが返ってくるし、悪い行いをしていれば必ず悪いことが返ってくる」ということでした。

ただ今思えば、母はときどき体調を崩して、「家事などできなくてごめんね」と言い、一日中布団の中で過ごすことがありました。しかし当時の私は、風邪をひいているんだろうと軽く思っていて、母の体調の波には全く気付いていませんでした。

中学～大学の頃――居心地の悪い家。大学で一人暮らしの解放感

私が中一になったとき、高校二年生の兄は交換留学でアメリカに行ってしまいました。英語を学びたいということでしたが、それは建前で父親から離れたいということが大きかったんだと思いますし、母も兄が父から離れることを応援していました。

兄がいなくなった家では、父親の関心・監視の対象は私になり、どんどん居心地が悪くなっていきました。次第に、父が家にいる時は避けて外出し、父が外出すると帰宅するようになりました。父に対する防波堤になってくれていた兄はもういません。私は記憶にはないのですが、「私がトイレで泣いていた」と後になって母から聞きました。

高校になるとさらに家に寄り付かなくなりました。毎日毎日、部活とバイトばかりの生活で、家には寝るためだけに帰るようなものでした。家から離れられる解放感と、エネルギーをぶつけられる部活とバイトで充実した生活を送っていました。

この頃の母と父との記憶はあまりありませんが、一度だけ母から「離婚してもいいか」

と打ち明けられたことがありました。私は「面倒だからやめてよ」と軽く笑って言ってしまったことを覚えています。

大学進学が決まると大学の寮に入ることを決めました。父親の機嫌をうかがったり、小言を言われたりする自宅にいたくなかったからです。父から離れたことをいいことに、実家のことは忘れて学生生活を楽しみました。大学二年生からは寮を出て一人暮らしを始め、さらに自由が広がりました。しかし、私が実家から離れたということは、父と母の間から私というクッションが完璧になくなり、父の関心と監視は、すべて母に行くと気付かなかったのです。

大学三年――「大幸君のお母さん、いつもと様子が違う。すぐ来て!」

私が大学三年生のころ、母は、習い事を始めたり車の教習所に通ったりと行動に少しずつ変化が表れました。私は母の興味や生きがいが増えるのだから良いことだと思っていましたが、その後、母の行動はどんどん拡大していったようです。

ある日、幼なじみのお母さんから「ひろゆき君のお母さんがうちに来ているんだけど、いつもと様子が違うの。急いでこっちに来てくれない？」と私に電話がありました。慌てて駆け付けてみると、母は、幼なじみのお母さんとおしゅうとめさんに向かって「もっと仲良くしなさい、何で優しくなれないの？」などと大きな声で説教していたのです。いつもは穏やかな母ですし、そのことはみんなよく知っています。

私は母を部屋から連れ出し、「どうしたの？」と聞くと、本人は「大丈夫、これは演技。二人が仲良くするためにやっているの」と説明してくれました。私は少し手荒だけど、母のことだから何か考えがあるのだろうと安心しました。

しかし、その後も母親の説教は続き、そのうち旦那さんも仕事から帰宅しました。すると母は「あなたがだらしないからこうなるのよ」と旦那さんをののしり、頭をたたいたのです。さらにエスカレートして警察を呼ぶほどの状況になってしまい、私は何とか家まで母を連れ戻しましたが、いつもの母ではないのは明らかでした。

母はこれまで抑圧されていたからか、父に対して暴言を浴びせ、暴力を振るい始めました。時には刃物持ち出したこともありました。最初は私も怖かったのですが、父がおびえた顔をすると引っ込めるので、のちに脅しているだけだと感じました。この状況に父は

「精神科に入院しないとだめだ」と言いましたが、そのような行動があっても私は母を漠然と信じていました。暴力だけを見ればおやじだって一緒だと思いましたし、精神科という選択肢はこの時点で私にはありませんでした。ただ、変貌していく母の姿に、自分の気持ちと思考はついていけませんでした。

その後の母は、朝早く家を出て遅く帰って来るようになり、帰宅しても話し続けることが多くなりました。あるとき、母の昼間の行動が気になり尾行しました。すると友達に会いに行き、複数の方からお金を借りていたのです。そのお金をもとに、さらに母の行動範囲は広がっていきました。睡眠は三時間くらいなのに異様に元気、多弁で活動は止まりません。

海外にいる兄に母の変化について相談し、父が母を精神科に入院させるべきだと言っていることも伝えました。兄は、入院させるのはおやじの方であり、母親を入院させてはいけないと言います。私は父と兄との間でどうすれば良いのかわからなくなりました。そのうち近所の住民から警察を呼ばれることもありました。それでも、私が何とかしたいと思いましたが、やがて母の行動についていけるだけの体力と気力が尽き、サポートの限界を感じ病院に連れていくことを決意しました。

母の入院――「大幸、助けて！」母の叫び声に一生分泣きました

躁状態の母を病院まで連れていくことは容易ではありません。叔父にも助けを求め、父、叔父、私の男三人で対応しましたが、抵抗する母を車に乗せるまでに時間がかかり、予約した時間に三十分遅れてしまいまいました。すると病院は診察をしてくれませんでした。いら立ち暴れる母をなだめながら、病院のあった大田区から移動し、受け入れてくれる病院を探して一つ一つあたっていきました。川崎、横浜、鎌倉、そして藤沢へ。

何とか受け入れてもらえる病院が見つかりましたが、母は興奮し、診察室に入っても激しくなる一方でした。医師から即入院と言い渡されると、本人は入院したくないと言って泣いてもっと暴れます。すると突然、四人の男性看護師が現れ、暴れる母の両手両足をがっちりと抑え込み、担ぎ上げて入院病棟に向かっていきました。母は私から離れていきます。

「ひろゆき、助けて！」

何度も何度も、その叫びを聞いた時、私は自分のふがいなさと無力感から、こんなに涙が出るのかというくらい泣きました。

「母が病気になったのはおやじのせいだ！」。

病院を後にした車の中で、私は初めて父に歯向かい、糾弾しました。父は涙を流しながら、「残りの人生は母にしたことへの罪滅ぼしだ」と。初めて自分を責める父を見て、鬼のように怒る父も今はつらいと感じているんだ、これからは父と協力して母を助けなければいけないんだと思いました。

それから数日後、母の面会に行くと入院病棟はまるで刑務所のようでした。そして面会室で入院して初めて母の姿を見て絶句しました。全く覇気はなく、魂は抜け落ちたかのよう。廃人というのかゾンビというのか、あの時のショックをどのように表現したらいいのかわかりません。表情はなく、コミュニケーションもほとんどとれませんでした。

放心状態のまま面会室をあとに廊下を歩いていると、他の入院患者が恐ろしい形相ではいつくばって私の足をつかんできました。また、複数の病室から叫び声も聞こえてきました。この病院は穏やかに過ごして回復する場所ではない、誰でも不安定になるような環境で、ここにいて母の病気が治るのかと不安でたまりませんでした。

私は母を入院させた後ろめたさから、毎週、家から病院までの片道約五十キロメートルの距離を、一時間半かけて面会に行きました。薬のせいなのか、よだれを垂らして無表情の母を見るたび、入院させたことが本当に良かったのか、もう退院なんてできないのではないかと自分を責めました。

進路選択──母のサポートに明け暮れる日々。就職するエネルギーもなく

母親が発症して入院するまでの時期は、私が大学三年から四年にかけての時でした。母に起こったことの意味が分からずサポートに躍起になっていて、自分の就職について考える余裕がありませんでした。友人と会社の合同説明会に行ったこともありました。しかし、心ここにあらずの状態で、企業のブースを一周して私だけ先に帰りました。

帰りの電車で、働くことって何か、生きるって何か、人生って何か、ぼーっと考えていました。みんなで同じ時期に就活をして、同じ時期に働くことに違和感があり、またそのエネルギーと思考の余裕なんてありませんでした。

このあとどうすれば良いのだろう。私は孤独でした。

就職もしないまま、大学を卒業し、給料が良かったので取りあえずパチンコ店で半年間アルバイトをしました。昼間は働くけれど、家では引きこもって人生について書かれている哲学っぽい本を読みましたが、余計に気がめいるばかりでした。その頃、宇多田ヒカルさんの曲「COLORS」ばかり何度も聞いていました。

もう自分には夢の無い絵しか描けないと言うなら
塗り潰してよ　キャンパスを何度でも
白い旗はあきらめた時にだけかざすの
いまの私はあなたの知らない色

就職──母の再入院。退職

その後、いつまでもパチンコのアルバイトをしていても先がみえないなと思い、飲食店の正社員になりました。時を同じくして、このころから母の病状は次第に安定していき、一時帰宅を月に一回の頻度でできるようになっていきました。

飲食の仕事は多忙で、勤務時間も長く、一日十四時間、週六日で働き、朝九時に家を出て終電で帰宅するため、母が一時帰宅してもすれ違いでした。

私が働き始めてから四カ月目の頃、母は一時退院の時に、田舎の岩手に行きたいと言い、父と二人で行くことになりました。まだ病状は安定していないし、一抹の不安はあったものの、自分は仕事を休めないので二人を見送ることになりました。出発して二日後の朝、一本の電話が鳴りました。母の異変を知らせる父からの電話でした。

「行きの新幹線の中でも少しハイテンションだったが、岩手の実家に着くとさらに高揚して対応しきれない。きっと、新幹線では帰れないから車で迎えに来てほしい。雪が降っているからチェーンを積んでくるように」と。

私は朝から混乱しました。正社員の自分がいきなり休むと店に迷惑をかけるので誰かに変わってもらえるか調整しなくてはいけないですし、雪が降っているのでチェーンを持ってくるようにと言われても使ったこともない。そして母親の症状がどのくらい悪化しているのかなど、分からないことばかりだったからです。

しかし母のことを思うと異常な行動がエスカレートして、故郷の人たちの知ることになれば、田舎なので変なうわさはきっと簡単に広がると思いましたし、そうなれば今後、故郷に帰りづらくなるはずです。だから早く対処しなきゃと急いで準備をして車で向かいました。高速道路では焦る気持ちが強く、普段はスピードを出さないのですが追い越し車線を使ってどんどんほかの車を抜いていきました。雪も降っていなかったので、もちろんチェーンも装着していませんでした。

ところが、郡山のトンネルを抜けるといきなり猛吹雪になり前方は全く見えません。怖くてブレーキを踏むと、車は滑ってスピンをして中央分離帯に激突。後続のトラックと向かい合う形に。

「死ぬのだな」と一瞬覚悟したのですが、後続のトラックが減速してくれたことで、何とか車を進行方向に向けなおすことができて命拾いをしました。しかし、中央分離帯にぶつかったときの破損なのか、ハンドルがうまく効きません。しかも猛吹雪で視界が狭く、ノロノロと走り、翌朝、ようやく田舎に到着しました。

母は明らかに高揚していました。

また嫌がる母を強引に病院に連れていかなくてはいけないと思うと、初めて入院させたときと同じ感情がこみ上げてきてとてもつらくなりました。

仮眠をとって田舎を後にし、上りの高速道路を走るものの車中では興奮した母がおり、ハンドルは分離帯にぶつかった影響でコントロールしづらいし睡眠も不十分で疲れていました。そのため仕方がなく休むために何回かパーキングエリアに入りました。すると興奮状態の母親は店内に入るやいなや友達に土産を買うと言って、レジに商品を山積みにして清算します。そのあと私は車に土産を車に積むふりをして商品を返品して回りました。

父は限界だから高速道路を降りて近くの病院に入れようと言い、私はこんな遠くでは見舞いもできないし戻るべきだと意見が衝突してしまいました。このやりとりを聞いていた母は、「私を何度でも入院させればいい」と開き直りました。

仕方なく情報がないまま近くの病院を探して二つの精神科病院にたどり着きましたが、受診を断られました。結局そのあとは何時間もかけて戻り、通院している病院に入院しました。

この一件があって、私は、正社員では何かあったときに休みづらいのと、長時間勤務でプライベートの時間が少ないことを理由に会社を辞めました。

海外へ——日本から逃げ出したい

失業期間中に、能力開発校の通関士の講座を受講しました。そこで出会った人たちが私をかわいがってくれました。いろいろな人たちの話を聞くうちに、これまで経験した狭い世界から、違う世界があるんだなと感じました。

一年後に兄が海外から帰国する予定だったので母を兄に任せられるし、自分もお金をためて一度は海外に行こうと計画を立てました。母のことや一般のレールからドロップアウトしたことなど、周囲と比べてなんだか自分だけ置いてけぼりになった気がして、日本にいるのが窮屈で逃げたいという気持ちが強かったのです。

イギリスでは一年間過ごし、住み込みで、てんかん患者の施設で働きました。さまざまな国の若者と一緒に働いたことは良い経験になりました。日本ではみんなと違うことに後ろめたさを感じて、脱線してしまったような感覚があったのですが、イギリスではみんな違って当たり前、等身大の自分で良い気がしてとても心地よかったのです。

再就職——まさか自分が精神疾患になるなんて

帰国後、専門商社に就職しました。大卒から働いている同級生は四年目になるし、何とかその差を埋めたいと考えて、営業職で勉強して成長しよう、そして、遊びは捨ててがむしゃらに頑張ろうと思いました。

働いてみると新規開拓の営業は思っていたより厳しく、責任とプレッシャーから嘔吐《おうと》しながら働きました。その後、成績が徐々に上がって楽しさを感じられた時もありましたが、営業成績の数字は上下します。数字が下がったときには努力が足りないからだと自分を追い込み深夜まで働きました。

営業のスランプを脱して安定したころ、中国に転勤になりました。言葉の通じないストレスはありましたがとてもやりがいを感じました。一年後帰国し、さらに重要な仕事を任されることになり、結果を出すためにもっと頑張ろうと深夜まで働きました。

しかし、半年くらいたった頃、自分の体に異変が出てきました。不眠に陥る、頭が働かない、物事を決められない、倦怠感《けんたいかん》が強い、冷や汗や心臓がバクバクする。仕事のミスを誘発し、営業先でも異様に汗をかき、心拍数が上がり、頭が真っ白になって何を話して良いか分からなくなり、逃げるようにその場を後にすることがありました。

私は、初めてメンタルクリニックに行きました。診断はうつ病でした。まさか自分が精神疾患になるなんて。思いもよらないことでした。一カ月休職させてもらいましたが全く改善せず、泣きながら退職しますと上司に告げました。この数カ月間、成果を出さず、会社に迷惑をかけていると申し訳ない気持ちでいっぱいでした。

リカバリーの過程――病状はさらに悪化。母親と同じ双極性障害に

会社を辞めてから半年以上、動けない日々が続きました。その頃「ひろゆきがうつになったのは私のせいだ」と母の言葉を聞くことが一番つらかったです。「お母さんのせいであるわけがないじゃないか」と言ってはいても動けない自分。このままではだめだと這《は》いつくばる思いでヘルパー2級を取りました。そして会社を辞めてから一年半後、なんとかデイサービスで働くことができました。

しかし本調子の自分の体とは程遠く、午前の勤務だけで疲労がたまり昼休みは横になり休み、午後の勤務を終えて帰宅する倒れ込み休みました。心の中は、いつも暗い雨雲が太陽の光を通さないような感じで、働いても毎日がつらく苦しいものでした。

その後、少しずつ動けるようになると、これまで動けなかった分まで取り戻そうとダブルワークをするなど自分なりに努力をしました。

しかしそれは長続きせず、またうつになり、その後一年半の引きこもり状態になりました。

引きこもりから、少し動けるようになると、今度は理学療法士を目指し学校に入りましたが、三十歳半ばの私には授業についていくのはきついものでした。何とか二年生に進級したものの、六月頃から不眠症状が出てきました。ここで負けるわけにいかないと図書館にこもり勉強するも頭に入らず追試が増えました。夏休みで追い込み、なんと追試をクリアしましたが、また新しいテストがやってきては追試とだんだんと追いつめられて不眠とうつ症状は悪化、冬に入る前に自主退学しました。

この時期に主治医からは、うつではなく、双極性Ⅱ型だと診断されました。母親と同じ双極性障害と。

治療―医師と二人三脚で精神障がいからの脱出

この時の引きこもりから脱出するにも一年以上かかったと思います。まず主治医からはうつといっても単極性と双極性では薬は違うと教えてもらいました。私は良くなりたい一心から、双極の薬でも自分に合う薬を早く見つけたいので、いろいろと試していきたいと伝え、主治医との共同作業が始まりました。新しく服用する薬は二カ月の間で少しずつ増やし、効果がなければ同じペースで減らしていき、また新しい薬を試すということを何回か繰り返しました。合わない薬だと副作用で口喝、不眠、過眠、ふらつき、過食などもありました。私は主治医を信頼していたので、自分が感じている良い変化も悪い変化もしっかり伝えることができていました。この信頼関係は回復にとても重要だと思っています。コミュニケーションが取れていない医者の処方箋など誰も飲みたいと思えないはずです。

診断から一年が過ぎた頃、少しずつ体が動くようになってきましたが、なかなか希望と勇気を持てず、ほとんど外には出られませんでした。当時、私は両親にサポートしてもらっていて、両親に負担をかけているのはいつも申し訳なく思っていました。

そんな冬のある日、家のポストに郵便局のバイク配達員募集のチラシが投函されていました。働いて親の負担をなくそうと、バイク配達員の仕事を始めることにしました。でも本当は、自分が前向きに取り組める仕事がしたかったのです。主治医にこのことを告げると、就労の前に福祉の就労支援を利用して体調を整えたり、自分のことを整理したりしてみてはと助言をもらいました。そして、私は初めて福祉とつながりました。

福祉とつながって——障がいへの偏見、障がいの受容、自己開示

就労移行支援事業所を見学した際、自分と相性が合う安心できるスタッフが応対してくれたことでその事業所を利用することになり、私はここで初めて精神障がいや発達障がいを持った方と接しました。

当初、自分は気分障がい以外の疾患をよく知らなかったので、多弁だったり、怒りっぽかったり、しつこかったりと個性の強いメンバーに戸惑いました。最初は大丈夫かと不安になりましたが、障がい名は別としてみんな困り感を持っており、徐々に優しい方ばかりだと分かりました。

利用したての頃は安定して通所できなかったけれど、徐々に生活リズムが取れるようになった頃、一人のスタッフが当事者だと知りました。自分は今後、どうやって働けるようになるのかイメージがつかなく暗闇の中にいましたが、この出会いで自分ももしかしたら元気に働けるかもしれないと一筋の希望と光を感じることができました。何か特別なことをしてもらったわけでもないのに、勝手に希望を感じる不思議な感覚を得てから、私のリカバリーは始まりました。

まず一番に変わったのは障がいの受容でした。私は発症してから八年間、良くなったり悪くなったりしながらも、自分は障がい者じゃないと受け入れることはできませんでした。受け入れた時に自分のプライドや築いてきた大切なものが崩れると感じていたし、何より障がいに偏見を持っていたと思います。それゆえ福祉につながるのにも時間がかかりました。障がいを受け入れた自分は、福祉サービスを受けるために障害者手帳をとりましたが葛藤があったのは確かです。

次に、自己開示することができるようになりました。他のメンバーと一緒にグループワークなどを通して、いろいろな困りごとがあり、つらいのは自分だけではないことを知りました。障がいを隠していて誰とも分かり合えないと思っていた私が、少なくともこの場所では自分を偽らなくてもよくなり楽になりました。

また、自分の人生を振り返るきっかけにもなりました。本当に自分にとって大切なこととは何か、どんな仕事をしてどんな生活をしていくか、この障がいを持ったという経験をどう捉えるのかなど、プログラムを通して自己理解を深めることができました。

誰でも自分について、人生の意味など深く掘り下げる作業は容易なことではないと思います。私が自己理解を深められたのは、考えるだけの時間を得られたからだと思います。望んだことではありませんが、仕事を辞めることになったことで、自分の人生を考える時間ができました。もし私が発病もせず仕事を辞めることにならなかったら、人生を再点検する時間は足りなかったと思いますし、再点検しても大きな出来事がなかった分、大きな変化はなかったのだと思います。

再就職――就労支援員として。当事者の自分が元気でいることでバトンをつなぐ

体調の波が安定してきて、自分について時間をかけて考え出した結果、私の選んだ仕事は就労支援員でした。働きたい人と働いてもらいたい企業のマッチングにおいて私の営業

経験を生かすことができますし、ぶつぶつ切れている職歴はあまり褒められたものではないですが、複数の仕事に就いていることが強みになると思いました。また自分が仕事をしたいのにできなかったことの悔しさや苦しみがあり、就労支援サービスの利用者だった自分がもっとサービスをよくしたいという気持ちもありました。

そして一番の理由が、私が変われるきっかけになった当事者スタッフとの出会いのように、私も元気に存在することによって、次の人にバトンをつなぎたいと思いました。それは当事者が自分の経験を生かし、当事者のリカバリーのきっかけになることです。

母のリカバリー——まさか、あの母がまた働ける日が来るなんて

私が就労支援が重要だと考える理由は、自分の母が仕事を通じて回復、リカバリーしていったことです。

母は入院してから外出、外泊、そして再入院を繰り返し、退院することができたあと、以前母が働いていた会社の社長から「田村さん、また仕事を手伝ってよ、午前だけでもいいからさ。」と言われました

いま思うと、ここからすでに彼女のリカバリーは始まっていたのだと思います。それは人に期待され、誰かの役に立つという役割を得たからです。仕事は役割の一つであり、役割があるから人はいきいきと生きていけるのだと私は思います。彼女は仕事を得て回復したのだと思っています。

私は彼女が精神障がいを患い入院してから、再び働くまでの過程・リカバリーを見てきました。病院で初めて母と面会したとき、まさか母がまた働けるなんて想像できませんでした。それは私の間違った先入観でした。そんな先入観は間違いだよと母は実践して教えてくれ、見事に覆してくれました。だから私は、働きたいと思っている障がい者の方と一緒に就労に向かって努力していき、障がい者が働けないなんていう先入観や偏見は間違いですと伝えたいのです。

両親への理解――こどもぴあで障がいを学び、父のつらさを知る

一昨年、横山先生と蔭山先生と出会い、こどもぴあの活動と意義を教えてもらいました。そして、「こどもぴあで一緒に勉強してみないか」と誘っていただき、「参加したいで

す！」と即答しました。私はもちろん自分の病気に対しても葛藤がありましたが、それより母親が発症して入院し安定するまでのほうがつらかったし、障がいをもった親の子どもとして学びたいと思いました。また精神障がいを持った当事者の立場としてこどもぴあで何か役にたつかもしれないとも思いました。

こどもぴあで家族学習会に参加して、障がいについてさらに理解を深めていくと、成育歴から障がいに似た生きづらさを父がもっていたことに気付くことができました。キレやすく、力でねじ伏せようとして大嫌いだった父。しかし、父も被害者だったのかもしれないと思うようになりました。幼少期から吃音があってからかわれ、それに対して言葉で返せない。どうしてもけんかや暴力という手段でしか対抗できなかったのだと思います。

脱孤立のための情報と仲間――つながること大切さを実感している

二十年前、母親が発病したときには情報を得る手段を知りませんでした。そして共感できる人もほとんどいませんでした。あの頃、情報があればもっと早く対処でき、入院しなくても済んだかもしれません。もっと早く孤独から解放されたかもしれません。

テレビなどを見ても今でも精神障がいについての情報は、まだまだタブー視されたり排他的に扱われたりすることがありまず。しかし精神疾患は誰もが罹患する可能性がある病気です。他人ごとではなくもっと身近なものとして考えて欲しいし、そして正しい情報が手に入る環境になって欲しいと思います。それができれば、この世に存在するあらゆる偏見は少しずつ解消していくと思います。

精神障がいはつらいことが多かったけれど、情報や人とつながることで私は孤独やつらいことから解放されました。だから私はつながることを大切にし、情報を発信することや仲間との場を大事にしていきたいと思っています。

私は自分の経験を無駄にしないように、等身大で今できることをやっていきたいと思います。

第2章

座談会

体験からのメッセージ

精神障がいのある親に育てられ、成長して支援職に就いた４人の子どもたちが、第一章「体験記」の内容をさらに深め、語り合いました。

[参加者]

精神疾患の親をもつ子どもの会 こどもぴあ
——坂本 拓、林あおい（仮名）、
山本あきこ（仮名）、田村大幸
横山恵子（埼玉県立大学保健医療福祉学部教授）
蔭山正子（大阪大学医学系研究科准教授）、編集部

[テーマ]

1. 支援者となった子どもたちのさまざまな発見を形に
2. 私たちが精神疾患の人たちの支援者を目指した理由
3. メリット、デメリット—
子どもの立場の家族が支援者になって
4. 子どもの立場の家族として、支援者に伝えたいこと
5. 子どもの立場の家族として、家族に伝えたいこと
6. 当事者に伝えたいこと—
親への思いを通して

1 支援者となった子どもたちのさまざまな発見を形に

体験記を書き、自分の人生のストーリーを再構築できました

横山　こどもぴあにはたくさんのメンバーがいますが、支援者になっている方も大勢います。こどもぴあとは、精神疾患の親をもつ子どもの会ですが、今回はその中の四人の方にお集まりいただき、お話をうかがっていきます。研究職から私、横山と、蔭山先生。それと出版社の編集部の方にも同席いただきます。

座談会では、「体験からのメッセージ」をテーマに、今回皆さんに書いていただいた体験記の内容をさらに深めていきたいと思っています。皆さんが主役ですので、大いに語ってください。この座談会で、また新しい学びがあるのではないかと思っています。

私たち、研究職の二人とこどもぴあの皆さんとは、日ごろから一緒に活動を行っていますが、改めて自己紹介を。

私は横山恵子です。本日進行をしてまいります。埼玉県立大学で、精神障がいのある方の家族支援を主な研究テーマに取り組んでいます。精神科看護師の経験もあります。

今日はもう一人、研究分野から大阪大学医学系研究科准教授の蔭山正子先生にご参加いただいています。蔭山先生は精神障が

いのある方の家族支援・育児支援を研究テーマに取り組み、先生も病院看護師、保健師を経て現在に至っています。

蔭山　蔭山です。よろしくお願いします。

横山　蔭山先生と一緒にずっと、精神障がい者の家族支援の研究を続けていて、こどもぴあの中で学ばせていただき、いろんなことを発見したり、成長させてもらったりしているなという感じがしています。その中でだんだん見えてきたのは、支援者となった子どもたちがいろんなことを発見されていることです。それを形にしたいと思うようになり、今回の体験記、座談会に至っています。子どもたちの体験からのメッセージは、支援者に役立つのはもちろんですが、特に、今、精神障がいのある人を抱えて苦労されているご家族にとっても、大変参考になる内容だと思います。

まずは、体験記を書いて感じたこと、思ったことなどを、それぞれ自己紹介を含めて語っていただけますか。では坂本さんからお願いします。

坂本　こどもぴあの代表を務めさせていただいております坂本 拓です。現在は、福祉施設を運営するNPO法人で精神障がい者の地域生活支援を行うソーシャルワーカーとして働いています。精神保健福祉士（PSW）です。母がうつをもっています。

林　林あおいと申します。今は支援職、精神科の病院で看護師をしています。母が精神疾患で、家族会とこどもぴあに参加しています。

山本　山本あきこです。母が双極性障害です。私は今、精神科の訪問看護師をしています。

田村　田村です。母親が双極の障がいで、自分も三十歳位の時に双極っていうのになりました。

編集部　今日はよろしくお願いいたします。当事者の家族とか、支援者とか、なんとなく分かるようでいて分からないというところがあります。そういうところを、分かりやすく教えていただければありがたいと思っています。

坂本　何が分からないのかが、分からないいんですよね。僕らはね。

横山　いわゆる中にいると自分たちの使う言葉で分かり合っているので、外部からの意見をいただくのは楽しみです。そこを指摘してもらうことで、また新たな視点が生まれそうなので、遠慮なく聞いてください。

林　今回、体験記をまとめたことは、人生を振り返るとても良いきっかけになりました。日々の生活の中でふと気付いたことをメモするとか、自分の気持ちとか、あの時こうだったとか思い出した時にメモに残すことで発見もありました。でもそのメモが多すぎて、まとめきれないところもありますが。

横山　体験記を書くことは、自分の中で自分の人生のストーリーを再構成するような、常に変化しながら構成し直しているといった感じですか?

蔭山　私も当事者の子どもなのですが、大人になってから分かることがあるんです。私も子どもを産んで親になって、息子が成人したので今、親と一緒に暮らしているんですね。すると、あー私の子ども時代ってこういうことだったんだというのが、今になって分かるとか。父親もつらかっただろうなとか。これまでは見えなかったことが分かってくるんですね。

田村　僕は横山先生と出会って、声をかけてもらって、こどもぴあに参加させてもらっています。こどもぴあに来てから、親のことも理解が深まりました。

蔭山　当事者の子ども研究をするなかで、支援もしていかなければいけないなと思ったのは五年位前です。横山先生と、あるところにインタビューに行ったんですね、当事者の子どもの集まりがあるということで。

その時、横山先生から第三者的な視点で、当事者の子どもたちは、人を基本的に信用していないというか、そのようなことを言ってもらって、私自身も「あーそっかって」、すごく最初から核心をついているんですよ。横山先生から指摘いただいたその点が、たぶん一番の生きづらさにつながっているんですね。先生がそのように冷静に見てくれることで、学びが深まった感じがあります。私自身、当事者の子どもとしてのアイデンティティはそれほど強くはなくって、研究の広い家族支援の研究の中の一部という感じです。

とは言え、当事者の家族には家族学習会っていう、過去を振り返って、今までの経験を毎回解釈し直していくプログラムがあって、みんなそれを受けているんです。

やってみると、結構、自分もなかなか大変な経験をしてきたなっていうのは改めて思ったりはしていますし、生きづらさもしっかり持っているということも自覚しています。今日は、当事者の子どもという立場とは少し離れた感じで、横山先生と一緒の立場で、プラス自分も出ちゃうかもしれませんが、よろしくお願いします。

横山　蔭山先生は研究者としてすごい力を持っているので、今回も、すごく頼りにしています。

2 私たちが精神疾患の人たちの支援者を目指した理由

●坂本 拓さんのケース（体験記 三〇頁）

「お母さんの病気、もっと知りたい」と福祉の専門学校へ でも、それは逃げ道だったかもしれない

横山　はじめに、皆さんはなぜ支援者を目指したのかを教えていただけますか。冒頭にもお話ししましたが、皆さんの体験からのメッセージは、支援者に役立つのはもちろんですが、特に、今、精神障がいのある人を

抱えている家族の方々にとって、とても参考になる内容だと思います。

坂本　では僕から。僕は今、精神障がい者の福祉施設を運営するNPO法人に就職し、地域活動支援センターというところで、ソーシャルワーカーとして、いろいろな精神障がいを抱えて通所している人たちの相談援助活動をしています。精神保健福祉士（PSW）という国家資格も取って、精神保健福祉領域の支援職に就いています。

なぜ支援者を目指したか、ということになると、今振り返ってみて、こうだったんだろうなって思うものと、当時の気持ちがちょっと違うって思うんです。

当時感じていた気持ちっていうのは、お母さんが病気になったことで、僕が支えなきゃいけない、そこにやりがいとか生きがいとか、自分の存在意義とかを感じるようになっていた。「僕がお母さんの一番の理解者だ」と。

お母さんから「自分は精神障がいだ」って告白された時に、初めて障がいだって分かったんですけれど、精神障がいって何だろうなって調べたりすると、嫌なイメージ、事件とか自殺とか自傷とか、そんな話が結構多くて、ショックな話ばっかりだなあというのはすごく感じました。当時、僕は車の整備士になりたくて地元の工業高校に通っていたんですけれども、やっぱりお母さんのために、もっと病気のこととか、お母さんへの対処法とかを体験的知識じゃなくて、専門的な知識として学ばなきゃいけないなと思って、福祉の専門学校に進むことにしました。
だから、その段階で、ソーシャルワーカーっていう「支援者」を目指していたわけじゃない。お母さんをもっと理解するために病気のことを勉強しようという気持ちで、専門学校に行ったので、就職とかはあまり意識していなかったかなとは思いますね。ところが、専門学校でいろいろ学んでいくのですが、教科書に載っている病気のことと、お母さんのこととはあまり一致してこない。一致する部分もあるんですけれど、それよりもお母さんと僕の関係性の中の対処法、例えば、お母さんはパニック障がいもあって、過呼吸になるから、そういう時、学校では「紙袋とかを使って呼吸をさせる」って学ぶけれど、うちのお母さんは、手をつないで、一緒に目を見て、一緒に深呼吸をするんです。「はい吸って、はい吐いて」とかするのが一番効果的だったんですね。
だから教科書のことを実践する必要もないし、学校で学んだことは必要ないというか。何て言えばいいんだろうな。

林　分かる。分かる。

（一同大きくうなずく）

坂本　もちろん、勉強ということで、知識としては大事な、「あ、こんなところにつらさを感じる人もいるんだな」みたいなものもあったけれども、お母さんのこととはあまりリンクしてこなかった。実習にも行くんですけれども、お母さんと同じ病気のうつ病の人と出会うと、お母さんと全然違う。お母さんて平気じゃんと思っちゃう。うちのお母さんの場合はずっと経過を見てるんで、悪い時も良い時も見ているから、入院しているうつ病の方とか、統合失調症の方から見れば、うちのお母さんて、ましなんじゃないか、ましっていうとあれなんだけど、いいんじゃないかと思ったり。

学ぶことで苦しみの背景を知り、寄り添いたいと支援者になった

坂本　お母さんのことがきっかけで、福祉の専門学校に入学をしたんですけれども、そこからすぐに支援者になろうと思ったわけではないんです。僕はただ単純に精神障がいを持っている人、目に見えない障がいを持っている人の生きづらさというところに寄り添うということに、すごい生きがいを感じた。学校で学ぶまでは、人間としてすごい尊敬できる人たちが、何で一般の社会で溶け込めないんだろうかっていう、そこの疑問はなかなか分からなかった。それまで頑張って生きてきたのに、中途で発症するという、お母さんとすごく似ていて。元気だったお母さんが、急に笑顔がなくなっていくとか。

学ぶことで、そんな背景が僕はイメージがついた。精神障がいの方と出会うと、いろんな過去があって、こうなっているんだなと。いろんな思いとか、いろんな思い出があって、苦しい思いをしているんだなって感じた時に、ＰＳＷになりたいなと思って。

こういう方たちと一緒に、寄り添っていきたいなと。それも結局はお母さんのためになるんじゃないかなという気持ちがあってソーシャルワーカーになったと思います。

はじめは整備士になりたかったけれど

坂本　「福祉の専門学校に進学したのは、お母さんの病気のことをもっと知りたかったから」――当時は、そう思っていました。でもよく考えてみたら、僕たぶん、工業高校を卒業して整備士になる自信がなかったんだと思う。十八でみんな九割以上の人が就職するんです。大手の車のメーカーとかに。でも僕は今思えば、たぶんお母さんのことがあったから就職っていうところの自信がなかったのかもしれない。

横山　お母さんのことがあるから、集中して自分の進路を考えるのが難しかったということかな？

坂本　働くというのは、完全に忙しいというイメージ。学校とはまったく違うというイメージだったから。家のことで、お母さんのことも対応しなきゃいけない。プラス仕事ということになると、自分が働けんのかなって。みんなよく働けんなという気持ちがあった。今振り返ると、お母さんを理由に、逃げ道で福祉の専門学校に行ったという気持ちが半分あるんですね。

横山　自分のことだけに十分に注力できない、そういう状況だったということですね。

高校を卒業して、そのまま就職したら、きっと一生懸命、車の整備の仕事をしていたんだろうけど、それがちゃんとできるのかという不安があったんですね。

自分の人生を進むという選択肢が見えなかった

坂本 学校の勉強も集中できて、試験に向けて勉強できたかって言ったら、全然できていなかった。それが全部お母さんのせいではないんだけれど。自分が自分の人生を進むっていう選択肢よりは、お母さんのことを言い訳にして進路を決定したなという、というのが始まり、ですかね。僕のソーシャルワーカーは。

横山 仕事として選んでいるわけではなくて、動機としては、お母さんのことをもっと知りたい、お母さんの病気についてもっと知りたい、というのがあった。結果として、学校に入ったものだから、自然とそっちの方向になっていったけれども、最初から福祉の支援職に就こうっていう気があったわけではないと。

坂本 支援者になろうと思ったのと、お母さんとの体験はリンクしているようでしていない。

横山 聞いていて思うのは、自分が何をしたいかというところを考えることはあまりできない。目の前にいるお母さんのことがあるから、エネルギーを投入して決めるという状況ではなくて、身近なところの仕事に近づいていったということかな。学費もそれほど高くないし、資格のとれる仕事ということもあったかもしれないし。

蔭山　健康的な家庭では、親が子どものためにいろいろな経験をさせて、いろんなことを見せて育てる。ところが親が精神疾患だと、子ども時代からそういう経験はあんまりない。だから選択肢が見えないし、世界が狭い、というのは結構あるかなと思うんです。

横山　以前に当事者のきょうだいの立場の家族の体験を聞いた時に、自分が思春期の時にきょうだいが発病して、アイデンティティの確立の時期なのに自分のことは考えられなくて、何がしたいのか分からなくなった。ずーっと、迷走しちゃったって。そういう話を聞くので、坂本さんも、子ども時代に自分のことを考えるよりも人のことを考えてしまったのかな。

坂本　家に問題がなくて、こなさなきゃいけないもの、解決しなきゃいけないものとかがない人がもしいたとしたら、それは自分の人生を考える時間に充てるんでしょうね、優先順位として。僕たちは家のことが優先順位として高くて、自分のことって二の次。自分の気持ちに鈍感になる。蔭山先生が子ども時代から、選択肢が見えない、世界が狭いと言ってくれましたけど、そうだなって思うんですね。二の次なのかなと。

横山　家のことや家族のことで考えることが多いし。それは、家族の絆を深めることになるのかもしれないけど。

蔭山　小さい時から子どもが、自分をどういう風に思っているの？　とか、子どもの感情に親が気を向けてくれるというのが、まあ、健康的な家庭だと思うんですが、そのようなことがあんまりない。自分はどうしたいのか、自分は何が好きなのかというのも、そもそも気付きにくいというか、そういう部分もあるかなと。

横山　なるほど。発見、発見ですね。

坂本　よく分かんなくなってくるんですね。いろんなことが。振り返ってみると。今日はみんなの話を聞きながら、深めたいと思いますけれど。

横山　坂本さんが、導入で語ってくれたわけですけれど、林さんはどうですか。

●林あおいさんのケース（体験記五一頁）
「精神科の病気について相談できる人と出会えるかもよ」
友人のひと言で看護学校へ

林　私は今、精神科病院で看護師として働き、精神疾患の方の支援をさせていただいています。坂本さんの話、すごく分かる。というか結構、似たような感じですけれども、私も支援者になろうと思ってなったわけではなくて。

私の場合、やりたいこともあまりなくて、中学生ぐらいの時に、ほんとになんか全部どうでもよくなっちゃって。一歩間違えたら、ここにいなかっただろうなと思うくらい、全部どうでもよくなっちゃって。で、友達がいたから、踏みとどまった部分もあると思うんですけれども、変な人とつるんでいたら、変なところに行ったりとか、死んでたりしてもおかしくなかったんだろうなあと思う。周りの人に左右されながら生きていて、自分というのがあまりなくて、やりたいこととかも特になくて、別にどうなってもっていう感じだったから、進路を考える時も、全然なくて、出て来ない。

そんななかで、なぜ看護学校へ行くことになったかというと、幼なじみのお母さんと仲良くて、「あなたは何かやりたいことはないのか?」って、その友だちのお母さんに言われて進路について考え始めたんです。

私はその時お母さんの病気と向き合い始めて、インターネットで調べただけだったから、困った時に相談できる人とか、どうしたらいいのか知る方法が欲しかった。

また、自営業だったのでお父さんの仕事を手伝うという進路もあった。お父さんに対しては、ずっとかわいそうだと思っていて、一人で仕事して、お母さんに責められて、大変ななかで子育てしてくれていて。お父さんには子どもの頃から感謝していて。

お父さんの仕事を手伝うか、お母さんの病気が何とかなる方法があればいいなとぽろっと友だちに言った時に、「じゃあ看護学校に行ってみたら。精神科の病気について相談できる人と出会えるかもよ」って言われて、それで看護学校に行ってみようかなと。その時の勢いで決めたのが、看護学校に行くことになったきっかけでした。

行ってみたら、坂本さんが言ってたように、勉強してても親のことと全然リンクしていないから、インターネットで調べたこともそうなんですけれども、習ったことを母に実践してみても全然できない。

知識は身に付くから家族としての関わり方は勉強にはなるけれども。お母さんの言ってることが、今まではずっとうのみにして聞いていたことが、「あ、これがうわさに聞く妄想なのか」とか、ちょっと分析できるようになったから、そこは良かったかなと。

でも、いざ困った時にどうしたらいいかというのは誰も教えてくれないし、看護学校でも学ぶことはできなかった。

「お母さんを患者さんとして見たら」とアドバイスを受けて。楽になったけど何かが変わっちゃった

横山　妄想に対して、「肯定も否定もしない」と言われてもね。

林　実際に家族が肯定も否定もせずに、ずっと聴き続けていられるかというと、そんなことはできない。

その時バイトをしていた病院で、お母さんのことがほんとに大変だった時に、誰かに相談したいという思いが出て、精神看護を教えてくれた先生にちょっと相談してみたりとか、バイト先の病院の上司に軽く相談してみたりしたんですけれども、上司か

ら「あなたの気持ちが振り回されているから、親としての目線じゃなくて、病気をもっている、患者さんという目線で見たらどうか」と言われて。それで、はっとなって、「そっか、お母さんじゃなくて病気を持っている人なんだ」とか割り切ったら、ちょっと楽になったんですけれども、そこで何か変わっちゃったんですよね。

そこから一生懸命にお母さんの病気と向き合うようにはなったけれども、今考えたらそこから自分の感情を押し殺してきたなと思う。お母さんをお母さんとして見たいし、お互いに親と子という関係でしかいられないはずなのに、そうじゃない関係にしようとしたのが、ちょっとつらかった。

横山 楽になったところはあったけれども、結局、自分の本当の気持ちを隠してしまうというか、自分でも気付かないようにしてしまうところが、生まれたということですね。親ではなくて患者さんとして見ればもっと楽になるんじゃないって言われて。でもお母さんは患者さんじゃないもんね。

林 そう、患者さんじゃないんです。その時はそうかって思ったけれど、自分がお母さんのことを親として見ていたからいけないんだとか、期待しないとか、我慢するとか、求めないとか、コミュニケーションの方法で、こうやったらいいよとか、本とかにいっぱい載っている情報だけど、それを子どもが読んで親との対応でやるってなったら、ただ単に感情を押し殺すという方向に行くのが、一番手っ取り早くなっちゃう。でもそれって生きづらさにつながる。

坂本　「大変な思いを抱えこまないで、自分の気持ちを素直にオープンにしていいよ」ってよく言われるけど、それって難しいよね。いえいえそんなことしたらお母さんの具合が悪くなるから、みたいな。

僕がそう相談されたとしたら、自分の感情を押し殺すという選択は確かに一番手っ取り早いかもしれない。

横山　患者として見るというのは、つまり、「子どもとしての私は横に置く」ということ。一人の患者さんとして見なさい、あなたは専門家になるわけだからという。患者さんというのは○○さんという人ではなくて、精神疾患の患者という枠組み。そこには、「親子としての関係」はもう存在しないよね。

そのSOS、難しすぎる。相談されても答えられないよ

林　お母さんが大変な時で、私自身にも気持ちの余裕がなくてみたいなことを相談して、「患者さんとして見なさい」とアドバイスをもらったのは、「お母さんなのにという気持ちで見ているからしんどいのだから、お母さんを病気がある人として見なさい」という意味だったと思うんです。

坂本　その人の言いたいことは何となく分かるよ。林さんを守るために言ってくれているんだと思う。

林　私がうれしかったのは、初めて母の病気のことを相談して、上司が聞いてくれたこ

となんです。看護学校の先生にはスルーされて、何にも返答がなかったことがあって。授業の終わった後に、「質問してもいいですよ」って紙を配られて、直接言いづらかったから、質問用紙に書いてみたんですけれど、親のこと。でもその後、何も返事はなかった。だから、バイト先の上司はちゃんと聞いて、考えを伝えてくれたのはうれしかった。

横山　そうね。授業の終わりで書いてくる人、いるよね。今聞いてドキッとしちゃった（笑）。書いてくるけれど、私はそこではとどめておくというようなことも結構多いかな。個別で相談に来れば、あの時書いていたことねっていう風にはなるんだけれど。

林　だけどそこは返ってこなきゃいけないと思う。

横山　子どもさんにとってはそうだよね。そこに何か応えてほしいよね。

坂本　そこは限界寸前の一歩だからね。

横山　ＳＯＳの発信だからね。

坂本　林さんに質問してもいいですか。それは解決策を聞いたの？　僕らがソーシャルワーカーとしてやっていくスタンスだと、ねぎらうとか、気持ちが優先だけれど。解決策を求めたのかな。

林　たぶん私が相談した時って、本当に大変な時だったから。普段だと相談しようとか積極的に思えないんです。その時は家に帰っても大変で、相談してみようって一歩勇気が出たわけなんです。お母さんが病院に行かなくて、薬飲まなくて、家に帰ったら調子が悪くて。どうしたらいいか私も分からなくなっていて、相談したんだと思う。

横山　具体的なのね。気持ちを分かってというわけではなくてね。

林　だけど、私が今そういう相談を受けたら、きっと、どうしたらいいか分からないです。

横山　林さんの先生も分からなかったんだろうね、きっとね。

坂本　難しい相談だね。相談されても、答えられないよ。

林　ただ聞いてくれるだけでよかったんでしょうけど。今、思うと。

厳しい経済状況

働きながら学べる進路というのは条件

横山　看護学校自体は行きやすいのかな。大学になると、お金も必要だったりするけれど。仕事しながら資格も取れるというところもあるし。

林　働きながら行けますしね。

横山　少し働きながら、進学できるというのも、行きやすいステップの仕方なのかな。

林　そうですね。

横山　やっぱり、経済的な問題ってね、いつも、つきまとうからね。

林　そうですね。経済的な問題はありましたね。

横山　看護と聞いて看護大学とはならないもんね。

林　私はそもそも定時制の高校だったので、進学する人自体少なかったんです、周りには。大体みんな就職して。そういえば、大学に見学に行きました。授業料がめっちゃ高くて、こんなの絶対無理だと思って、見学だけして終わった。働きながら行ける所というのは、自分の中では条件でした。でも憧れましたね、大学というのは。

横山　林さんは高校の時から働いていたもんね。稼いで、自分の授業料作って。

林　そうですね。

横山　しかし、せっかく役に立つ知識が得られるかなと思ったら、役に立った知識もあるけれど、教科書に書かれていることはやっぱり支援者が作ったものなんだね。なんかあったかくないよね。

林　教科書の書き方も難しいかもしれないけれど。逆にうまく書いているなと思うところもあります。

坂本　教科書を書く先生も精神疾患にはいろんな症状があるなんてね、百も承知だろうし。でもまとめたものを書かなければいけない。

林　だけど、みんなそれで理解しますからね、支援者になる人たちは。私たちは当事者を見てるから分かるけれど、見ていない人たちは教科書しかない。

横山　専門的な知識より、体験的な知識の方が役に立つことがいっぱいあるのにね。

では、次に山本さん。お願いします。

●山本あきこさんのケース（体験記　七四頁）

母が受けた侮辱への怒りが原点。患者さんたちが良い環境で過ごせるような看護師になりたい

山本　私は今、精神科訪問看護師として、精神に障がいをもちながら、地域で生活している人や家族等に対して支援するという仕事をしています。

私が何で支援者を目指したかというのは、怒りです。私が小学校の時だったと思うのですが、母が自殺未遂をして病院に運ばれたんです。連れて行かれたのは、大学病院救急外来で、その時、看護師さんが母のことをすごい侮辱したんです。プシだとか。あんたそんなんで死ねないとか。プシ、プシコって。看護師がよく精神科の患者さんのことを、プシコって呼ぶんです。隠語、偏見ワード。ピーとか。これってサイコロジー(psychology)の日本読みで、そう言っていて。当時、言葉は分からなかったけれど、「ピー来たよ」とか普通に言われたんです。

坂本　「頭おかしい人」みたいなこと？

横山　救急で何度も来る人とか、自殺未遂する人とかね、そこに精神障がいがあると、冷たいよね。

山本　そのことにすごく腹が立ったというのが、一番初めのことで。それと、もともと医療関係者が多いんですよ、うちの家系は。なので、医療系は私に密接な職業だったと

いうことと、その腹が立ったという経験と。あと病気を理解したいという気持ち。勉強したら、精神障がいをもつ人の家族としての経験もあるし、侮辱されたりとか、ひどい仕打ちを受けたりとか、精神科の病院で、結構人間として扱われていないなあと感じるような出来事も母を通して見てきて、そういうことをしないで患者さんたちが、母がというか、その拡大して患者さんたちが、より良い環境で過ごせるような看護師になりたいなぁと思ったのがきっかけで。最初から精神科というふうに決めていたわけではなくて、そこから看護師になった。

という面と、高校生の時に、すごく自分自身がパワーレスな状態になっていて、勉強も全然手につかないし、進路とか将来の夢とか、考えるのがもうできないぐらいしんどい状況で。うちの学校は、一応、進学校だったんですけれども、看護学校の偏差値を見て、まぁここなら今の私でも行けるんじゃないかなと。経済的にもお金もそんなにかからないし、働けば何とかなるだろうって。看護師さんは手に職がつくから、生きていくためにはいいんじゃないかっていうことがあって看護学校に行きました。

精神科の看護師になろうと思ったのは、そこからはるか先です。看護学校の三年間で、精神科看護も勉強して、病気について分かったけれども、自分が経験した母の行動とかに、納得できるようなことが結構少ないし、暴力や暴言も病気を理由にしてるんじゃないかっていう感情があったり。なかなか自分は冷静な考え方はできない。自分には看護師が向いていないと思ったりしていました。

精神科看護師なんか、絶対やんない！

山本　精神科の実習の時に、患者さんとの会話や出来事を記録する「プロセスレコード」というのを書かされて、患者さんが双極性障害の人で、母と似たようなエピソードがある人を持たされたんです。すごいつらかった。「患者さんとの会話に行き詰まった場面を書きなさい」と言われたから、そこに「その時、母のことを思い出した」みたいな感じのことを書いた。でも先生に「それは実習には関係ないでしょ」って言われて。精神看護学の先生じゃない先生だったんですけれども、なんかそれで余計自信がなくなっちゃって。関係ないって言われても困る。でもそこを切り離せない限り、一生看護師なんかできないじゃんて思って。

横山　教え方が独特だよね。常に冷静でありなさいみたいな、自分の感情出してはいけませんみたいな。

林　そこを否定されたら、考えちゃダメって言われているようなもんだよね。

蔭山　別なんですよね。支援者と家族は。

山本　今あなたは支援者として患者さんの前に立っているんだから、家族としての立場というか考え方を持ってきて患者さんの前に立つというのは、プロとしてどうなんだという糾弾だったんだと思うんですけど。

まぁ、当時、学生の自分には非常に難しくて。

横山　ロボットのような、仮面のような、そういう支援者さんを、育てようとするからね。一緒に泣いちゃだめよみたいな。

山本　そのことがあって、「精神科看護師を絶対やんない」って思ったのが看護学校二年生の時でした。

　卒業する前に、いろいろとあちこち病院を見て回って、自分がやってみたい看護というのが見つからなくて、大学に行きたい気持ちもあって、専門学校のあとにお金をためて大学に行きました。

病気があるけど母親として生きたい！実習での出会いで精神科訪問看護師の道へ

山本　大学の時に今働いている会社の親子支援として、精神障がいのある親と子どものグループワークをやっているところにたまたま研究で出会って、見学に行って、そのお母さんたちの話を聞いたり、子どもたちと一緒に遊んだりした。それから、訪問看護ステーションに実習に行って、何度も見学にも行って、精神障がいのあるお母さんへの訪問に行かせてもらったことがあったんです。

　そのお母さんを訪問看護師と一緒に見ていて、私はやっぱり母のことがあって、母のことを思いながら、その場にいた。そのお母さんがすごい元気なんですよ、めちゃくちゃに。病気だって言われても、私の方が調子が悪いんじゃないかって思うぐらい、すごい元気で、すごく生き生きしていて、子どももも元気で。夫も統合失調症で、統合失調症ご夫婦なんですけれども、結婚してからお互いの調子が良くなって、子どもが生まれてから、ますますお互い良くなって、みたいな家族だったんです。

そのお母さんが、母親として生きたいんだって言う。病気のある女性としてというよりも、母親として、病気がある病気がないとか、そんなのはどうでもいいというか、病気があるけれど、「母親として生きたい、子どもには子どもとして生きてもらいたい」というようなことを話してた。

毎回そういうことをずっと話してくれた。その人にとってみたらとても意味のある会話で、看護師さんと繰り返し訪問して、そのお母さんが「母親として生きたい」って何回も言ったその言葉がとても印象強く残っていて。自分の母親のことを思い出すと、母は母親としては生きていけなかったのではないか、という思いが私にはあって。

何かそこで、病気があるということは確かに大きなことだけれども、母として生きたいと願っている時に、それが実現できるようなサポートをできるのが看護なんじゃないのかって思って。で、それを一生懸命に実現しようとしている訪問看護ステーションに出会ったので、やっぱりこういうこと

恐れ入りますが切手をお貼り下さい

郵便はがき

673-0877

兵庫県明石市人丸町2—20

㈱ペンコム

愛読者カード係

ご購読ありがとうございました。ぜひ、ご感想をお寄せ下さい。
このカードは小社の今後の出版活動に役立たせていただきます。
お寄せいただきました情報は個人情報保護法に則り、責任をもって管理致しま

ご住所	郵便番号	
お名前		年齢
ご職業	ご購入書店名	
ご購入の動機		

— 愛読者カード —

書名

本書に関するご感想をお寄せ下さい。
メールの場合　office@pencom.co.jp
FAXの場合　078-959-8033

お寄せいただきましたご感想を弊社のウエブサイトなどで、
一部掲載させていただいてよろしいでしょうか。
（　可　　匿名で可　　不可　）

本書をお求めになったきっかけを教えて下さい。
□店頭で見て　□書評・紹介記事をみて　□ウエブサイトを見て
□知人の紹介　□その他（　　　　　　　　　　）

ありがとうございました。今後の活動に役立たせていただきます。
今後ともペンコムの刊行物をよろしくお願いします。
株式会社ペンコム　http://pencom.co.jp

PENCOM

を私はやりたいんだなって思った。
母に対してっていうよりは、今、実際に子育てをしている人とか、これから出会う精神障がいのある人に対して、サポートができれば、自分自身の経験で少し不安を解消していける部分があるんじゃないかなって思って、精神科訪問看護師になりました。

横山　すごいね、よくそんなことが考えられたね。

山本　たまたまなんです。大学に二年間行けたっていうのはすごく大きくて、大学の二年間は、看護の勉強はほぼいらなかったんですよ。看護師の資格を持っているからいらなくて、自分の興味のあることだけをやれたので、授業で家族看護学も取ったし。
少し脱線しちゃいますけれども、家族看護学の中に、ある教科書を見たら、子どもの立場が触れられていなかったんですよ。親、きょうだい、という立場は書いてあるのに、子どもっていうのがなくて、子どもって家族看護の対象じゃないんだと思った。それはちょっと衝撃でした。

横山　自分のことが書いてなかったんですね。

山本　うちは姉も発症しているんで、きょうだいっていう部分は多少当てはまるけれども、元をたどれば、母で。

横山　山本さんはとっても大変だったんだけれども、ある意味、親との距離が取れたというところも、すごく幸いしたんだね。さらに大学の二年間がね、おまけみたいな二年間だものね。

山本　それはもう、自分のための二年間だった。本当に大変でしたけれども、行ってよかったなーって。行ってなかったらたぶん、看護師をやっていなかったかもしれない。

「こいつらクソだな。看護師もうやめたほうがいいよ」って思う時も。でもいつか母に提供される看護も変わると信じて

林　山本さんの話の中で、看護師さんに腹が立ったっていうのがあって、それを聞いていて思い出したんですけれども、私も怒りが今のエネルギーになっていると思うんですね、今までの怒り。誰も助けてくれなかったとか。

横山　怒りって、これまで林さんの口から出てきたことないもんね。

林　そうですか？　アンガーマネジメント勉強したからかな。（笑）

横山　率直に、怒りがやっと出始めたのかなあって。

林　怒りが今の私のエネルギーの根源だなあと思うんです。親を侮辱されるとすごいショックじゃないですか。お母さんが職場でばかにされて泣きながら帰ってきて、「なんで理解してくれないのかなあ」って。まぁ理解されるわけないんですけれども。精神疾患とか周りに言ってないし、そもそも言えない状況にあるのが社会じゃないかなって。言えない、誰にも言っちゃダメみたいな。そういう怒りが今、自分のエネルギーになっ

ているなって。精神科に関わりたいと思ったのもその辺かもしれません。

坂本　僕は怒りというのはあまり理解できないのだけれども、山本さん、そんなことがあっても看護師嫌いにはならなかったの？絶対、こんなやつらとは働きたくないみたいな。マイナスには働かなかったの？

山本　マイナスに働く瞬間、病院で実習中とか、バイトの時とかは、もうほんとにこいつらクソだなあって。やる気ないなって。ほんとに看護師もうやめたほうがいいよっていうような人もいたけれど、そこは、そうなりたくないっていう思いが自分にあったから、もう看護師やめようとかそういうふうには働かず、なんだろ、反面教師かな。

蔭山　すごい！強い！強い人だなっていうか、最初にお母さんのことを侮辱されたことが、たぶんものすごい原動力になっていて、そこからあえてその世界に入って。

林　おかしいですよね。自分でもしんどいです。

蔭山　でも、あえて入っていって。

林　ポジティブというか、考えを転換させる力があるかも。

蔭山　お母さんのことだけじゃなくて、病気になった人がとか、いろんな人が母として生きていけるためにとか、すごく視野が広いというか、すごいな。

山本さんがしようとしている看護を、他人にしていくということは、そういうこともお母さんのためだったりもするわけなの？

山本　看護を直接母にする自信がないんで

す。本当はそうしたいっていう気持ちはあるんですけれども、それはちょっとできない。他人にやっている看護を通して、なんとなくこう、母への罪悪感が薄れるというか。

横山　患者さんの面倒を見たいという気持ちと、いままで扱われてきたことに対する周囲への怒り。それは、「家族としての愛情」からくるような気がするけど。大事な人たちなのに、それを周囲から認められなかったり、逆にののしられたりしてしまう人たちに対する愛情。

林　坂本さんも言っていたけど、精神疾患を持っている人のすばらしさというのは、やっぱり見てきたから。周囲の人への怒りもそうだし、それらが重なって、関わっていきたいなということにつながるのかもしれない。

山本　見てきたけど、じゃあ自分の親はどうかとなると、そこはちょっと冷静に考えられなくなっちゃう。

横山　自分はできない。だから、親の周辺の環境を整えるということですか。

山本　環境を整えたりしていって、それが一般的になったら、いつかは母のところに提供される看護も変わっていくかもしれない。

横山　間接的にね。直接じゃなくてね。

蔭山　原点はお母さんのことから始まって、山本さんは今、あえて大変なところに入り込んで看護師をしている。お母さんには直接できないけれど、全体を変えていくことで、間接的にお母さんが生きやすくなったりすることをね。だから、山本さんの行動の中心にあるのはお母さんなんですね。

●田村大幸さんのケース（体験記　一〇二頁）

母に続き自らも発症するも、自分の経験が肯定される就労支援職に

横山　田村さんは、どう？

田村　僕は今、福祉法人が経営する就労移行支援事業所で、就労支援員として障がいのある方の就労支援をしています。僕は、周囲への怒りはあんまりなかったんですが、おやじにはあって、理不尽だって。それで大学は家から逃げるように寮に入りました。

母は僕が生まれる前から精神の病気になっていたようですが、特に困った経験も無く過ごしました。明るくて優しくて誠実な人でした。急変したのは僕が大学三年生の頃でした。母はいったん精神科病院に入院して、僕は大学生だったので全力で母をサポートしていました。卒業を前に自分は進路についていろいろ考えたんですけれど、働けるだけのエネルギーがなくて。みんな動き始めているのに、僕だけは何の準備もできていない、という感じで。それで、大学を卒業しても半年間はパチンコ店でアルバイトをしていました。でも、これでは先が見えないと思って、母の病状も安定してきたこともあり、飲食店の正社員になりました。休みもまともに取れなくて、長時間労働で。そんな時、母の病気がぶり返して入院することになり、母のことで休みづらくなって退職しました。

その頃、海外にいた兄が帰国することになり、兄に母を任せて、僕も海外に行くことにしました。外の世界を見たかったというか、自分だけレールから外れているような気がして逃げ出したかったというのが本音です。一年間イギリスに滞在して、住み込みでてんかん患者の施設で働きました。さまざまな国の人たちと一緒に働いたことはとても良い経験になりました。

帰国後、専門商社に再就職するんですが、大卒の同級生からは四年も遅れているので、その差を埋めようとがむしゃらに働きました。やりがいも感じて、どんどん重要な仕事を任せられるようになって、深夜まで働いて。そんなことをしていたら、異変が起きたんです。僕の体に。眠れない、物事を決められない。メンタルクリニックに行くと、うつの診断でした。発症してしまったんですね。僕も。思いもよらないことでした。会社を一カ月間休職させてもらったのですが、改善しなくて、動けなくて。会社に申し訳なくて退職しました。

母が「発症したのは私のせいだ」と言うのがつらくて、はいつくばるように勉強して、ヘルパー二級の資格を取って再就職するんですが、またうつになり、少し動けるようになって、新しいことを始めようとすると、さらに悪化して。今度の診断は双極性障がいでした。母親と同じ。

僕はとにかく良くなりたいと思って、主治医と二人三脚で病に向き合っていきました。で、このままじゃだめだと思って、主治医に相談したんですね。主治医からは、就職する前に就労移行支援事業所という所に行って体調を整えたらいいと教えてもらって、そこで初めて福祉とつながったんです。

ここで精神障がいや発達障がいを持った人たちと初めて接して、特別なことをしてもらったわけでもないのに希望を感じたんです。だんだんと体調の波も安定してきて、自分について集中して考えました。考えてみると、僕にとって幼い頃から福祉は身近だったんですね。小さい頃、母親が勧めてくれて、近くの社会福祉協議会みたいなところだと思うんですけれども、そこで障がいを持った子どもの活動に参加したり。育った環境のせいか、障がいが当たり前な感じがあって。そして、僕は就労支援員という仕事を選んだんです。何でこの仕事をやるかというと、それが一番楽なんですよ、自分が。自分が素でできる。無理しないでできる。

退院した母が働く姿を見せてくれた！働くことでリカバリーできると信じている

田村　僕は、ずっと自分の病気を受容できなかった。でも福祉とつながって、就労移行支援事務所にたどり着いたら自分を受容できた。僕自身が、そこで就労支援のサービスを受けていたんだけれども、もっとサービスの質を良くできるんじゃないかなっていう思いがあって、それを自分がやるべきなのかなって。そうすれば自分の経験が肯定される。

あと、働くことで、僕は、リカバリーできるというふうに信じているんです。僕が二十歳の時に母を入院させてしまい、薬が強かったんでしょうね、能面みたいな顔になって、すごい状態にさせてしまったなぁというのがあって。病院から出れないんだろうなって思ったんですけれども、時間がかかったけれども、退院できて。その母に対して、「少しからでもいいから仕事を手伝ってよ」と言ってくれた会社の社長さんがいたんです。すごいありがたかった。そして、母はもう働けないだろうという僕の先入観を覆して、働く姿をまざまざと見せてくれた。役割があると、人ってそのために輝けるんです。

母のリカバリーと、自分が病気になって働けなかった悔しさ、こういうことを生かさなきゃなと思った。

僕の前職は営業だったんですが、提案した商品に対してお客さんからいらないと言われたら、そうですよねってなっちゃう性分だったんですよ。でも今は違う。提案したことに、みんなにとっていいことだと自信があるから自然に粘っちゃいます。まだまだ、障がいを持った方の能力を知らない企業さんは多くて、それを働けるんだって分かってもらった時のうれしさっていうか、本人も働けないだろうと思っていたけれども働くことができて、自分を肯定できて。

国からもらったお金って気分的にすごい使いづらい。でも働いた時に得るお金って、本当に価値が違う。同じお金なのに。福祉から飛び立っていくところのきっかけ作りをサポートしたくて。障がいを持ったメンバーさんが自分の人生をつかむっていうか、そこをサポートしたいなぁってのがあるんですよね。

横山　最初はその仕事に就こうなんて思わなかったんだろうけれども、自分で働けていることとか、お母さんの働く姿がモデルになってというところから変化して、落ち着く先が福祉だったたっていうことですね。

福祉にたどり着くことができて今は楽になった

田村　そうですね。これまでいろいろ寄り道してきたけれども、福祉にたどり着くことができて今は楽になったみたい。僕自身は支援者とはあまり思っていなくて、サポーターだと思っていますけれども、これまでの人生、まっすぐに来ていない部分が、同じような苦しさを持っている仲間というスタンスでサポートしていけたらと思っています。

横山　結局みんないろいろあって、ここまできたけれども、皆さん、今の仕事に満足しているじゃないですか。

坂本　林さんは、一般の看護の病棟から、精神看護に行って良かったと思いますよ。

林　すごい、人生を楽しんでます。

蔭山　え？ そうなの？（笑）

横山　一般科にいた時はどんよりしてたよね。苦しそうだったしね。

林　やりたいことをやるっていうのは幸せ

なんだなっていうことに、たぶん初めて出会ったからすごい幸せ。これまでやりたいことはなかったたし、精神科看護師がやりたいことっていうわけではないけれども、メンタルヘルスに関わることが、やりたいことなのかなと。

横山 すごくキラキラしています今。

蔭山 みんな今の支援のあり方に、それはちょっと違うんじゃないの？　という視点を持てている。それは子どもの立場っていう家族の立場だからだと思うんですけれども、そういうところが、「これはどうなのかな？」というようなジレンマとか、苦しかったりするのかなっていう気はするんですけれども。

横山 次のテーマですね。

3 メリット、デメリット——子どもの立場の家族が支援者になって

●家族支援——

踏み込みすぎるくらい必要。私はそれで救われた

横山 家族の立場でもあるというのが、支援者という立場にとってどんな影響あるのかなっていうのも知りたいと思います。支援する側にはあんまり関係ないですよという話も聞くし、でも、良くしていきたいと

いうマグマのようなエネルギーもすごくあるから、「クソみたいな支援者がいると怒りが湧いて」という、そういう気持ちも持つだろうし。

山本　よく、やり過ぎって言われます。

横山　やりすぎって言われる？ 職場で？

林　何をやり過ぎ？

山本　ケアの対象者はあくまでも当事者本人なんだけど、つい、本人の家族にも目が行ってしまう。

田村　それって、大事じゃん。

山本　訪問看護だと家族支援という所に医師が指示をくれていれば、家族に対して看護を提供しただけでも診療報酬を算定できるのですが、そこに印があるかないかでケアの仕方が変わってしまうんです。

横山　なくても、必要だと思えばやっちゃう？

山本　必要だと思えばやっちゃう。

蔭山　必要ですもんね。

林　必要ですよね。家族支援が必要じゃない人がいるのかなと思っちゃうけど。

山本　そうなんですけれども、なんか、やっぱりやり過ぎって言われることが多い。

坂本　訪問看護の仕事と、家族としての自分の立場というのがリンクしているんですか？ 山本さんの中では。

山本　私は意識して家族も見ていくぞっていう思いで、いつもやっています。

例えば子どもがいたら、子どものことも気になるから、子ども家庭支援センターとかに連絡をとって、子どもの様子を聞いたりとか、保育園に情報提供したりとか、そういう感じのことをやる。すると、子どもの支援者じゃないのに何で子どものことまでやっているんですか、みたいな感じのことを言われる。

田村 そこまでするのってすごいですね。

林 経験をしているからこそ、生かせていることだ。

山本 そこで事業所に帰ってから、やりすぎって注意を受けることはあります。

横山 お金にならないからね。「家族支援」に○が付けてあったら、お金になるんですか。

山本 家族支援だと、例えば本人に会えなくても家族だけの面談でも、算定はできる。

横山 書いてなければ、家族だけ支援してきても、お金にならないということですね。やりすぎって言われるわけですね。

山本 子どもの立場の家族であって、どういう影響があるかっていうとやっぱり家族に目が行く。子どもだけじゃなくて、配偶者も、おじいちゃん、おばあちゃんも。でも子どもがいると、特に子どもには目が行っちゃう。たまに保育園を休んで家にいると気になる。

横山 こういう状況ですよって、保育園に伝えたり？

山本 はい。

蔭山 本当は必要な支援なのに、診療報酬の算定とかで区切って見るという。そっちの方が、専門性からすると問題だと思うんですけれど。必要なことをやっているのか、必要以上なのか。

山本 必要以上にやっちゃっているかもし

れない。

蔭山　私も、そういうところがありました。そこに自分の期待みたいな個人的な感情とかも含まれてしまうというか。

山本　そういう意味でやりすぎって注意されることもある。

横山　やり過ぎなのか、本当は必要だけれども、そこまでにしないと他に手が回らなくなるのか。なかなかね、ここまでというのは、難しいところもある。

山本　他の支援者との足並みをそろえてくださいとか言われる。

横山　あなたはやれるかもしれないけれど、他の支援者さんがケアに入るとそこまでできないでしょってことですね。

山本　あと、支援者間で言われるのが、私だからできることだという点です。次の担当変更になった時に、同じことができるかどうか、というのが基準で、同じことができないとやっぱりちょっと踏み込みすぎだとか、個人的な感情も含めてやっているって思ったほうがいいんじゃないかと、たまに言われることがある。

坂本　全然ピンとこないというか、納得できないというか。それって山本さんが、子どもの立場というところで、フィルターを通して見られている気がするんだけれどね。山本さんが、家の事情とか立場とか言わずに、「いえ、家族支援に力を入れたいです。家族を支援することが本人の支援だから、やることに意味があるんですよ」って言えばいいんじゃないかな。ただ、算定できないんですってというところは事業所さんの課題かもしれないけれど。
そこってただ「視野の広い」支援者というところで済む話じゃないのかなって思うんですけども。「視野の狭い」支援者の基準に合わせるのって、それって山本さんの良さをつぶしているというか、なんか意地悪な感じがしちゃうんだ僕は。そんなことは引き継げばよくない？ 山本さんから。他の職員を育てればいいんじゃないのかなと思う。

林　やり過ぎなぐらいやられる方が、家族としてはメリットが大きい気がするんですけれども。

山本　私はそう。踏み込まれて、すごい踏み込まれて、それで私が変わっていったという経験があるから。ちょっと踏み込みすぎなくらいなほうがいいと思う。

坂本　人それぞれに価値観があると思うけれども、説明できる支援だと良いのかなと思うけどね。個人的な気持ちをぶつけているわけじゃないから。そこまで新人なわけじゃないし、経験してるから。プロとして自分の気持ちも踏まえて、より良い支援だということだと思うから。

横山　もしかしたら、当事者の子どもというフィルターで見られたかもしれないけれども、でもやっぱり力が入りますっていう話じゃない？ 理解できるから家族支援というところにやっぱり力を入れてますっていう。他の人もどうですか？ 気になりますか、家族支援って。

病院も、家族も、家族支援に認識がなさすぎるのでは

林　力が入りますというのもあるかもしれないけれども、そもそも家族支援そのものの理解が進んでいないと思っています。必要だ、必要じゃないという視点で見るべきなのに、他の人が引き継げる、引き継げない、そういう視点で見ているのがおかしい。というか、ずれている。

横山　よく怒っているよね。家族支援への認識がないって。

坂本　怒ってばっかりだねえ。怖いよう(笑)

林　こんなキャラじゃなかったのに(笑)。病院とかも、家族支援の認識が薄いと思います。家族は支援者と見られていることも多いし、家族に関わること自体も少ない。ワーカーさん任せみたいになっちゃっている。家族は病気のことを他の人に積極的に話したりとかしないし、家族も看護師とかに対して支援を求めていない。こちらから家族に声をかけても、あんまり話してこないっていうか、逆にびっくりされたりとか。

横山　自分たちに支援をしてもらえると思っていないんですよね。

林　思ってないですね。

横山　家族の頭の中にも、当事者本人しかないから。

坂本　お世話になっていますくらいだよね。家族って。

田村　家族ってそうだよね。

林　ちょっと遠いんですよね、関係が。もっと家族支援とかしたいなといろいろ思っても、遠くて。

横山　関わりの中で登場してくるにしても、親が中心だしね。親は人生かけているからね。

林　目線が病気になった原因であったりとか、家族は見てくれる人であったりとか。問題がある家族だったら切り離すし、支援者は主体の本人しか見ない。

横山　切り離すっていうのは、離そうとするということ？

林　支援の対象と思っているわけじゃないから、家族が例えば問題があったら、ひどい時は面会ができないとか。

横山　面会をさせないとか？

林　家族は迷惑な人になっちゃっているっていう認識もある。

「親亡き後」を心配しすぎ。何とかなるから

横山　家族は介護者だと思っているというのは、山本さんの体験記の中で、成人した途端にね、あなたは病気の親やきょうだいの面倒を見れますかって言われた話、そういうのってひどいなぁと思って。誰がキーパーソンになるのかってね。

山本　キーパーソンを見つけたら離さないみたいな。

林　責任が大きいですよね。家族に。

山本　家族が面倒を見るのが当たり前だと

思っていたら、意外とキーパーソンがいない人なんて五万といて、それで何とかやっているじゃないかっていう。そういうのも、看護師になって知りましたけれども。

横山　親が、親亡き後、親亡き後って心配しているから、「大丈夫ですよ。キーパーソンになる人がいないっていう人のほうが熱心に支援されますよ。いるって分かるとそこに甘えて、よろしくって言われるだけですよ。だから逆なんですよ」っていう話をするんですけれども。

山本　当事者の親が死んだら死んだで、何とかしなきゃならないから。

蔭山　精神科だからこの程度なのかなってというところがなきにしもあらず、という感じがして。普通、身体科の在宅の看護だったら、家族支援って必ず入りますよね。当たり前でしょ。でもさっきも言ったように歴史的な、家族に対しての見方とか、責任をとってくれる人とか、遅れているんだと思うんですね。

横山　そういうふうに染みついているというか、刷り込まれている感じがするね。病院のスタッフも少ないしね。配置がとても少ないよね。

林　制度的な問題、精神科特例（1）もありますよね。

（1）一九五八年、厚生省事務次官通知で定められた精神科病院従業者の定員の特例。入院患者に対し、医師数は一般病床の三分の一、看護師・准看護師は三分の二と規定している。

●同じ目線——

自分ごととして捉えられない人が多い。誰でもいつ調子を崩すか分からないって私は思える

横山　関わりすぎよ、やりすぎよって言われることはあるかもしれないけれども、皆さんは家族という立場が災いしているということはない？　気持ちを入れすぎちゃって、うまくいかなかったとか。

林　仕事に対してのメリットの方が大きい。

蔭山　こんな支援したくないのに、こんなことしたくないのに、やらなきゃいけないとか、ジレンマはないですか？

林　言いたくないことを言わなきゃいけないとか、拘束をしたくないのにしなきゃいけないとか、入院させなきゃいけないとか。

坂本　病院らしいね、なんかね。

山本　拘束はすごいよく聞く。

横山　地域の中ではまだいいけれどね。病院の中ではとんでもないことが起きているね。

林　そうですね。

蔭山　家族の立場としてはジレンマを感じやすいですよね。他の、家族の立場でない看護師に比べたら。ケアを受けている側の立場に立つから。

林　精神科看護師から聞いた話では、重症例ばかり見ているから、偏見が強くなるって。調子崩した時に怖かったとか。それって自分のこととしては捉えられないから。私は、

自分だっていつ調子を崩すか分からないって思えるけれど、たぶんそう思える人が少ない。

自分も生きづらさを持っていると考えることができたら、フラットに同じ目線で患者さんと関われるようになると思います。

家族や、当事者としての経験を生かせる支援者という仕事

蔭山　田村さんは、入院の経験とか、ありますか。

田村　僕は入院はないですけれど。話を聞いていて、僕やっぱり、病院で働いて、そこで仕事するのはつらいだろうなって思いました。入院病棟で何がやりたいかと考えたら、みんなで考えて座談会とか何か楽しいことやりたいなと思うけれど。そうではなくて、当事者本位でない画一的な冷たい感じのことしかできないなら、いたたまれないと思いました。

横山　田村さんのさっきの「経験を生かして就労支援を行う」という話だと、当事者の家族であるということは支援者として、すごくメリットがあるという話でしたね。家族として見る視点もあるし、田村さんは当事者として、つらい経験ももっているから。

田村　メリットはあると思っています。特に福祉は。自分がサービスを利用していたからよく分かります。でも医療で入院病棟だったら、拘束されたり暴れたりした時の対応を見て心が動揺して、自分も調子崩す

んじゃないかっていうイメージがあり、働けないですね。

坂本　自分じゃ分かんないんですよね、逆に子どもの立場じゃない支援者の気持ちが。ただ、客観的に見てもらえると経験を生かすメリットということでは、確かにそうなんかなと思うところはある。

田村　自分の母親とか、父親がそうだったから、「どこか変わっている人」に出会うと何に問題があるかとか、なんかすごい上っ面じゃなくて、もっと深くなんでこうなっているんだろうかとか、そういう考察するクセは、ついちゃってるよね。

坂本　家の顔と外の顔の違いとか…。僕もそうだ。うちのお母さん、よその人が来たらすごい元気にしてる。でも帰った後ぐったりして、お疲れさまみたいな感じだし。家族って、つらい時を家の中で見てる。

外に出て事業所に来て面談とっている時って、当事者さんも比較的頑張って気合を入れて来てくれている。だから僕が見ている所だけが全てじゃないなっていうのは、普通にたぶん、家族だからイメージできるのかな。

家族であるという経験は、少なくとも悪い方には転んでないと思う。お母さんと同じようなケースを見ても、つらくなる気持ちはあるけど、その分、気持ちが分かるから、その子どもに寄り添ったりとか。で、その当事者さんは当事者さんで、うまくいかない自分の病状につらさを感じているのもすごく分かる。仕事として全体像が把握できているかな。

横山　メリットばっかりですね。当事者の家族で支援者を目指す人がいたら、安心して目指してほしいな。安心して支援職を選びなさいって言ってあげられるね。

林　楽に関われている。

坂本　すごいスキルばっかりです。

●自分にとってのメリット──
自己肯定感が低かった自分が、自分と向き合い自信がもてるようになった

横山　逆に周りのほうが心配するよね。「当事者さんとの距離が取れないから難しいのでは？」って。

坂本　意外っていう人、いますよね、たまに。

林　リスキーだと勝手に勘違いしていると いうところがある。子どもだからとか。

坂本　向き合ったから、この道に進んでいる。お母さんと似ている症状の人と出会って、揺さぶられるようじゃ、そもそもそこに行かない。乗り越えて仕事っていうところで向き合っていけるから、支援職を選んでいる。だから、逆にプラスに捉えてほしい。

蔭山　ただ、実習の時に大変になったりする学生がいるんですよね。看護師になる前に、実習で精神科の病棟に行った時に。だから、あえて親と違う疾患の人のところに行かせるとかします。

横山　それってフィルターをかけて見ているかもしれない。実習の時、やっぱり怒りで、

ある施設の環境に対する問題を指摘した学生さんがいて、その学生の親御さんが病気だったんですね。でも、施設側から逆に感謝されて。「なかなか普通の学生じゃそこまで感じないけど、ここがおかしいって的確に言えたのは、偉いね」って。

坂本　僕たちの経験をプラスにする使い方を教えてもらえるといいのかもしれないですね。どう現場で出せるかって自分なりに僕たち学んできているけれど、教えられてきたわけじゃない。そういう先輩を見たこともないし。

林　自分にとってのメリットもありますよ。精神科看護師になって、すごく自分と向き合って、患者さんとか通して親と自分と向き合って。これまで自己肯定感とかアイデンティティの確立が、たぶん難しかったと思うんですね。自己肯定感が低い自分と、何回も何回も向き合って自信がもてるようになった。これたぶん揺れる人もいると思うけど、自分のためにメリットだなと思った。向き合うということが。

坂本　がんばったね。

林　感謝。お互いにメリットがあるwin-winの関係です。自分にとっても、たぶん患者さんにとっても。

横山　プラスに行ける力を持っているということだね。さらに振り返りをしながら、自分を成長させて、自信を持っていくことができるっていう。これって支援者という仕事だからなのかな。普通の仕事についていてもそれができるのかな。分かんないよね。

比べられるわけでもないからね。

坂本 支援者でいることは、あんまり生きづらさになっていないです。僕たち生きづらさに注目されがちだけど、今、林さんが言ったように、マイナスから変換してプラスにもっていくとか、win-winの関係とか。僕たちの良い部分のような気がするので。

蔭山 やっぱり、生かせますもんね。子どもとしての経験が。これほど存分に生かせる仕事はないでしょう。

林 聞き方一つにしても生かせますよね。

坂本 そうそう。しかも我慢強いしね。

4 子どもの立場の家族として、支援者に伝えたいこと

家族だけに任せない。支援者が本人と家族の橋渡しを

横山 では次に行きましょう。子どもの立場の家族として、支援者に伝えたいことはありますか。支援者に言いたいことって何かな。先ほど山本さんが発言の中で、「クソだな。やる気無いならやめたほうがいいよ」って言ってたけど。家族への支援はやりすぎだって言われるけれどそれはやるべきだっていう感じなんでしょうかね。

山本　そうですね。現状ではやっているとは言えないから、やりすぎぐらいでちょうどいい。やっている人もいるっていうことを知っているから。

坂本　できないんだよね、山本さんの同僚の人が。できないから、その上司の人が、やりすぎだって言うんだよね。

山本　それと、「家族がいるからいいか」みたいな感じで問題に注目しない。「そうか家族がいたね」みたいな。「じゃあ家族に任せとけばいいや。いいか、いいか」みたいな。

坂本　結局、家族の行動全てが、当事者も含めて、家族全体に影響してきますね。でも何かこう、家族と本人を切り分けたほうがいい時もあるじゃないですか。そこがすごく難しいなと。切り離したほうがいいけれども、でも家族まるごとの問題として支援をしなくてはいけない。

蔭山　切り離したほうがいいというのは難しいですね。

林　支援者とかが、切り離す切り離さないを決めることになる。

坂本　ひとくくりにできないですよね。家族にキーパーソンを担ってもらうことで、家族がうまくいくケースもあるし。なんか無限大だなぁ。ちゃんとよくアセスメントするってことなんでしょうね。いろんなケースと出会って。

蔭山　それって別に精神科とか関係ないことですよね。普通の支援ですよね。

林　精神科って、分かんないじゃないですか。こうしたらこうなるって。アセスメントしても想像でしかないっていうか。理論を述べても結局、後付けでしかない。その人その人全員違うし。この人にこれやったから同じ症状の別の人に通用するかというとそうではない。支援者がいろいろ決めて介入しても、結局それが正解か不正解かなんてやってみないと分からないから、すごい難しいというか、無力さを感じるというか、本気で応援することしかできないっていうか。

横山　ややもすると家族って悪者にされていないですか？　今の医療とか当事者さんばっかり見ているから。だから、家族の気持ちに寄り添う支援はしてくれない。本人に対して害のある家族みたいな。どうですか。

坂本　僕が関わっているケースだと、どっちかというと家族が被害者になっているみたいな捉え方をする。本人の病気のせいで家族が人生を失ってしまっているというようなな。

一方で、家族が本人を囲ってきたから支援者や周囲とのネットワーク形成ができていないとか。どっちもあるので、そこでうまくいっていないのは、家族の気持ちと本人の気持ちが共有できていないからだと思う。同じ家の中に住んでいるからといって、話しているわけじゃないから、そこはやっぱり第三者が関わってアセスメントしていかないと。本人のことだけ聞いて、そのまま家族に伝えたって、家族にしてみれば、「他人のあなたが何知ってんですか」ってことになる。「家族の気持ちはどうですか」っていうのをやらないと。両者の橋渡しをするみたいな、仲介者みたいなところで、どっちの味方にもならないで。地域だとソーシャルワーカーという立場の人の役割になってくる。耳を傾けていくことだと思うんですね。家族にも。

横山　蔭山先生の研究だと、親子関係が悪化していく要因として、家族と当事者に認識のずれが生じている、という話でしたね。(2)

蔭山　会話がなかなかできなくなってくる。両者の関係として。

横山　支援者が間に入って、会話できるように、お互いの気持ちをお互いに理解しあえるようにする必要がありますね。一方的に家族に介護を任せて、家族が疲労して、より関係が悪くなったりしていくんじゃなくて、きちんと本人や家族に寄り添った支援をしていくことが大切。家族だけに任せないとか。福祉につなげる支援が必要なのかなって思います。

それでもなかなかね、病院は「自宅に帰せばいいや」みたいなことが多いですね。「キーパーソンがいるわ！　じゃあいいね」みたいにね。

坂本　でも、退院支援委員会とかないの？

林　やっているけれど、一部で、全員は対象じゃない。

(2)　そうかいプログラム（精神障がい当事者と家族の相互理解学習プログラム）
https://kageyamaresearch.wixsite.com/sokai-program

山本　うちは、形式上、ルーティンでやっている感はある。

林　精神の枠だと、制度にとらわれちゃったらできないことが多いから、ほんとに、制度を一歩踏み出したことをやらないと、本人にも家族にもどっちのためにもならない感じがします。山本さんのやっていることはすごい。一歩踏み出さないと、たぶん全然関われないし。

もっと知って。見て。自助グループ 支援者が歯止めをかけないで

坂本　退院してからも継続して見てくれる人がね、入院中に設定できれば一番良い。退院して、病院切れちゃって、月一の外来でしか出会えないとかなると、その人の状況を追えないしね。「また具合悪くなって入院です」みたいなことになってしまう。どこで継続して家族を見てくれるの？ 僕たちで言ったらソーシャルワーカーですけれども。

林　自助グループへの参加も必要。自助グループのすばらしさをもっと支援者の人に知ってほしいです。これってなかなか伝わらなくて。

横山　当事者さんにも、家族にも、それぞれの自助グループにきちんとつないで情報提供する必要がありますね。

林　情報提供することで、退院の後にいろいろなつながりを持てるし、自助グループは安心できる場所になりやすいし。でも、これも本当に伝わらない。実際に参加して良さ

を分かってほしい。

蔭山　精神科で自助グループを知らなかったら、結構きついです。自助グループって、精神領域がメインですから。

林　アルコール依存症とか摂食障がいとか自助グループの良さ、虐待とかすごいメリットがあると思うんです。行くことで。だけど、虐待の自助グループに行ったら、他の人の話を聞いて、自傷する行為が激しくなるじゃないかっていうふうに思われちゃう。

蔭山　心配しすぎというか。こどもぴあを始める前に、グループを作ろうとしたら、他の精神科の先生に、「そんなことしたら、いろいろ問題が起きる。大丈夫なのか」みたいな感じで言われましたもんね。

林　リスクを考えすぎちゃいますよね。

横山　「もっと見守るような形でグループを作ればいいけれど、自助グループは無理よ」みたいなね。

蔭山　「自分たち精神科の先生が全部マネージして、把握している中でやるのが良し」みたいな。「自由にやらせて大変なことが起きたらどうするの」って。

坂本　今は、自助グループだらけなわけじゃないですか。自助グループがそれだけ認められているということ。

林　互いの気持ちのつながりが大事。

坂本　自助グループの良さは、自助グループに参加している人しか分からないわけで。そこを支援者が歯止めをかけるって、何さまだって感じだよね。

患者は人間だ！
当事者の力も家族の力も信じてほしい

林　私たち家族は、守られたいわけじゃない。

坂本　そう。こどもぴあで集まって、やっぱり力はあるし。「いろいろな経験をさせない」、それは失礼なことだよ。それはね、山本さんが言う、精神科の患者はやっぱり人間として扱われていないとか、その人の人権みたいな話になってくる。

横山　守っている限りは絶対に力が出てこないからね。このグループだって、こんなに力があるのに、すごいなって。

坂本　いいじゃん、グループに参加して、具合悪くなったってね。

田村　そうそう。転ばぬ先の杖みたいになってはいけないと思う。転んでまたどうしようかって考えるわけだから。

横山　いろんな波がありながら、成長していくのがグループの良さですもんね。

坂本　会社作る？

田村　株式会社こどもぴあ？

横山　当事者さんの力を信じるべきだと思うし、当事者さんもそうだし家族もそうだし。支援者は対等な関係で、当事者さんとも家族とも関わってほしいなって思う。もっと見てほしいよね。支援者さん、外に出てね。

蔭山　自分の時間使わないですもんね。仕事の中の研修とかだったら行くけれど、プライベートな時間で。

林　興味ないって人多い。

山本　仕事だからやっているという。

坂本　いろいろ聞けば聞くほど、病院勤務っていう枠の中でやるっていうのは制約が多いね。地域では比較的好きなことができるから、思い立ったら行動できるけど。だからやめていくのかな。病院は。意識高い系の人が。

支援者も閉ざされた世界にいる自覚。家族や当事者自ら体験を伝えていこう

横山　病院については、当事者さんが収容されている歴史っていうふうに思うけれども、要は当事者さんもそうかもしれないし、病院の中に医療者もみんな収容されていたんだよね。閉ざされた世界に生きているという、その自覚がないんだよね。

林　病院で見ていると支援者は支援者でしんどいんですよね。常にリスクを考えている。これってしんどいなと思います。

横山　病院ということの限界性がね、あるよね。

林　病院の限界を知って、支援職としての無力を感じ、地域にどこまでつなげていけるかっていうのがすごく必要だなって思います。本人の力を信じて。

横山　孤立しないような支援をしてほしい。当事者さんも家族にも孤立しないような、支援をしてほしいなと思います。

山本　孤立させないということを、ちょっと意識するだけで、支援の質が違ってくる気がしますけれども。

田村　力を信じてほしいですよね。その人が持っている力を。

林　そうですね。いろいろなことがなかなか伝わらないから、体験を伝えるという意味がそこにあると思います。

横山　だから地域に出てほしいね。病院というところに勤務をしていてもいいけれど、地域に出て出会ってほしいね。元気な当事者さんたちにね。

田村　看護学生さんが実習でうちの事業所に来るんですけれど、一番知ってもらいたいことは、一度入院しても就労している人がいるということ。そして、このことを病棟しか知らない看護師さんに伝えてほしい、ご本人の可能性を奪わないためにも。

5 子どもの立場の家族として、家族に伝えたいこと

必死に頑張っている家族。でも一生懸命の方向がちょっとずれている

横山　次のテーマです。子どもの立場の家族として、家族さんたちに伝えたいことはどんなことですか?

山本　この場合の家族って?

横山　子どもかもしれないし、親とか兄弟とか、特に親ですかね。今ね、必死に頑張っている親たちがいっぱいいるじゃないですか。

そうせざるを得なかった歴史があるけれども、親たちは本当に大変ですよね。人生をかけて全てをなげうって。当事者のためにっていうか。逆にそれが当事者さんの回復を妨げてしまっていることもあったり。

田村 最近、家族会に行ったんですよ。統合失調症当事者の親の家族会で、当事者十人が体験を話すという。

そこで分かったのは、疾患名が違っても困り感は同じようなもんで。結局、親はいっぱい心配しているんだけれども、子どもだってもちろん悩んでいて、いろいろな葛藤がありながら、何かやろうとしている、頑張ろうとしている。そこを応援してくれればいいのに。だけど、いろいろなことを過剰に親に言われて。親はそのことに気付かない。十人の発表を聞いて、親からは目からうろこみたいな感想が多かった。

転ばぬ先の杖にならないような、少し本人の力を信じるということが結局は大切で。それってたぶん障がいとか関係なくて、親が子どもに対してそうであるべきだと思うし。だって指を切っちゃうから、危ないから料理をしちゃダメって言ったら、絶対に料理ができるようにはならないわけで、切ってもいいじゃない、だから気を付けるんだっていう。何か同じような気がするんです。

林 親は障がいのある子どものことを全部任されてきてたからしんどいですよね、親自身も。本人の力を信じるというのも。

田村 家族も一生懸命やっているんだけれども情報が無くて孤独だから、一生懸命にやっている方向が、ちょっとずれていることが少なくない。その頑張っているエネルギーはすごいことだから、僕は「お母さん本当に頑張っていらっしゃいますね」ってねぎらうことは忘れない。

一方で「こんな方法もありますよ、同じように悩んでいる親の立場の自助グループありますよ。一度行ってみたらどうですか」と提案する。だってどこかとつながったら視野が広がるから、可能性が広がってくるし。

当事者のリカバリーより先に、家族のリカバリーが重要

林　家族も荷を下ろせ、ですね。

蔭山　親も、皆さんもそうだと思うんですけれども、急性期のトラウマっていうのが、みんな刻まれていて、「再発したら、あれがまた来るのか」って思うと、挑戦させて失敗しても大丈夫というようにはなかなかなれない。

その気持ちも分かるというか、でも家族に抱えこませてしまっている、その社会の仕組みが本当は悪いわけなんです。

編集部　精神疾患のある親や子どもについては、世間的には家族が見るのが当然という風潮があるように思います。そのことについて教えていただけますか。抱えこまないほうがよいという理由について。

蔭山　家族が負わない方がいいというのは、家族の中のセルフスティグマがすごくて、本人を囲み込んでしまう。でも引きこもって

いる状態というのは、本人は自ら外に出ることが難しい病状だったりするわけです。

一方、家族は基本健康なので、外に行ける状態なんです。ですから、孤立しないように、家族は家族会に行くとか、そこが先なんです。当事者のリカバリーより先に家族のリカバリーが必要だから、家族にアプローチするということがまず大切なんです。

それは当事者と親という一般的な親子の場合ですが、ここに集まっているみんなの場合は、子どもが病気の親に囲まれているから、よりいっそう、誰も外に行けない状況になってしまっている。さらに厳しい。

当事者の配偶者の役割が見えてこないのはなぜ

編集部　ちょっと気になったんですけれども、皆さんが書いた体験記を拝見すると、お母さんが病気になったとすると、その配偶者がお父さんなんですが、その人のことがあんまり書かれていないんですけども。

坂本　僕の場合は単純に離婚と再婚を繰り返す家庭だったので、お父さんがいる時期もあればいない時期もあった。母が病気になってからも。いない時期に関してはもちろん僕がやるしかないし、いたとしても、ぽっと出の他人に任せたくなかったし、信用もしていなかったから、お父さんは出てこないです。僕のストーリーの中では。

林　私はすごく関係していたと思うんですけれども、書きづらかったからあんまり書いてないんです。説明しづらいっていうか、たぶん、書こうと思えば書けるんですけれども、どうやって説明したらいいかっていうのが、すごく難しいから、そこはちょっと切り離してあんまり書かなかった。

横山　配偶者さんも大変なんですよ。たぶんすごく苦労してるんだろうなって。今回は焦点を当てていないんですけれども、「配偶者会」というのがあるんですよ。そこに行くとですね、配偶者さんのつらさが山ほど話されて、一番理解されにくいのは配偶者さんなんだなと思うんです。苦労しても、最後は他人だからと言われる。

蔭山　たぶん配偶者の人が理解がある家だと、子どものつらさは、少し軽減されるかなと思うんですね。こどもぴあに来る人っていうのは、つらい経験をもっているという自覚のある人たちなので、配偶者に助けられてっていう人は、集まりにくいかなっていう気はしています。

編集部　そういう背景があるわけですね。

横山　それぞれ書きようがない。

山本　すごいサイドストーリーだし。しかも、父にしか分からないことが多すぎる。私と母という関係は描けるんだけれども、母と父というその夫婦、二者の関係は分からないです。

横山　それはやっぱり、父に語ってもらわないと分からないね。

林　さっきの話の中で出た、家族の孤立という点には、すごく影響すると思いますけれどもね。大人として、家族の中に一番健康な大人として、外に発信するしないっていうのは、一番先にできる立場だと思うんで。

配偶者の支援を充実すれば、子どもの状況も変わってくる

編集部　「子ども」という視点で見れば、もし配偶者が外部の支援を受けるなど、そういう役割を果たしていれば、もう少し皆さんの苦しみも和らいだのかなという感じはするんです。

蔭山　配偶者はその支援が一番得られにくいんです。働いていて、家族を養わなきゃいけないし、子どもも育てなきゃいけないし時間がないんですよ。かつ福祉の専門家ではないので、知識もないし時間もない中で勉強する暇もない。分からない中でやらなきゃいけないので非常に大変なんです。

編集部　一番いら立つ立場にあるんですね。

蔭山　もちろんそう。でも役所とかは、夜とか土日はやっていない。相談にも行けないというのがあって。そもそも、配偶者を支援すれば、子どもの状況も変わってくると思います。

編集部　そうですよね。

横山　ここに集まった皆さんは、うまく機能できなかった家族、配偶者さんの子どもさんということになる。だからここではお父さんの話はあまり出てこない。

でもどうしてあまり出なかったのかというところで、配偶者さんの支援が必要だということになってくる。
配偶者の支援をしておけば、本当に、おっしゃる通り、子どもはずいぶんと救われると思います。

蔭山　抜けています。今の支援の中で。

田村　すごい安直なんですけれども、例えば病院に行った時などに、いろんな情報がもっと目につくとこにあればいいなと思うんだけれども。そんなことってすぐやれることじゃないですか。で、自助グループでも何でも、情報が得られたら本当にすばらしいと思います。

家族は支援者にはなれない
支援者は家族にはなれない

横山　私、坂本さんがリカバリーフォーラムで話した言葉がすごく印象的で、「家族は支援者になれない」という。体験記の中にも書いてくださっているけれど。
それからまた、山本さんがそれを受けて話してくださっていて、二人がおっしゃるのは、必死に自分はお母さんのためにやってきたけれども、結局それが逆だったという話で、もっと早くにお母さんが外の支援者とつながれるようにしておけばよかったって。だからもっと、子どもたちは手を離して、支援者さんに任せてくださいねって。

山本さんは、子どもの自分がすることももちろんあるけれども、それ以上に支援者のほうがいろんなことができるんだっていうことを言っていましたね。それって忘れられていることかなと思うんですね、家族にとっては。その辺のところを体験記にも書いてらっしゃるけれども、もう少し説明してもらえますか。

山本　家族としてものすごく無力だということに自分が気付いて、お母さんだから、私は子どもだからっていう関係で、母親と接していると、抽象的な表現しかできないいんですけども、身動きが取れなくなっちゃうんですよね。やっぱり娘として、母と向きあうことしかできなくて。林さんの話にもあったけれども、家族としてじゃなくて支援者として母のことを見たらどうかみたいな考えで、そうすると私は母の娘じゃなくなる。

もし自分が母に対して何か、例えばじゃあ必要な支援を、支援者としてやろうとしてもうまくいかなくて。そこは誰か第三者の手を借りて、客観的な立場でというか、視点を持って、委ねる勇気が家族の側に必要だし、そうすることで母と娘という関係でいられる。

だから家族は支援者になれない。家族だとやっぱりこうなんだろうなぁ、密着しちゃうっていうか、心理的にも冷静でいられないというか。だから、第三者に委ねる、必要な支援を入れてもらう、その方がいいと。

「親を患者さんだと思いなさい」は「親を捨てなさい」と同じこと

蔭山　第三者が入ることで親子関係も変わってきますか。

山本　関係が変わるというか、余裕が生まれますよね。何でもかんでも自分でやんなきゃって思っていると、母に対してもきつくなって、こんなところが良くないとか、こういう問題が母にあるとか、こういう病的な特徴があるんだとか、そういうことばっかり見てしまって、母が人として良いところだとか、私のお母さんとしてこういう風に過ごしていきたいとか、そういう思いをくみ取ることができなくなっちゃう。

それってすごい悲しいことだなと思って。だからそういう意味で、家族が何でもかんでも、できればそれはいいのかもしれないけれども、できたとして本当にその人にとって、その家族全体にとって、それやっちゃうっていうことが、その家族全体を見た時に望ましいことなのかというのは、私はやっぱり違うんじゃないかなって思うんですよね。

横山　母と子の関係を切り捨てなくちゃできないの？ 支援者になるということは。

山本　できないです。

横山　さっきの林さんの話で、「母親ではなくて患者さんと思いなさい」というのと同じですよね。「母と子の関係を捨てなさい」ということですね。でも、お互い本来的に、母と子の関係だから生きていくことができるのかなって思うんです。お互いに大切に思えるし、お母さんもその子のために生きてきたことの証だし、これから先も生きていくという。それが切り捨てられちゃう。

山本　それって本当にあることですよね。普通に。

横山　逆に言えば、支援者さんてそこができないじゃないですか、家族にはなれないから。だから親と子の関係は、やっぱり大事に残しておかなければいけない。でも家族は何もかも委ねられることで、その余裕すらなくなって、関係がどんどん悪化してしまう。

家族でできないことを家族自身が認めるべきだ

坂本　家族でできないことを、家族は認めなければいけない。僕はお母さんに対して、優しく、優しく、優しくしようとずっと思っていて、話を聞いて「うんうん大変だね、大変だね、頑張ってね」ってずっとしてた。でも、それは余裕のある時にしかできない。無視したりとか、「その話、しないでよ、もう聞いたから、そんな話をしてもしょうがないから」と言ってみたりとか。

お母さんの話を聞くことは、お母さんにとって安心につながるって分かっている。それはもう学校で勉強しているし、体験的な知識としてももちろんあったんだけれども、そうすることが望ましいと分かりながらも、そこに体力を使う余裕も無くなって、冷たくしちゃう自分がいて、そんな僕がソーシャルワーカーを目指している。それってすごく変だなと思っていて。

いざ就職してソーシャルワーカーとしてなら、相手に突きつけなきゃいけないことを突きつけながら、寄り添うということに集中できてた。プロとして。でも家に帰ると、お母さんずっと具合が悪いというか、つらいつらいしか言わないし、つらいつらいって言っててもつらいんだからそんなこと言わないでくれみたいな冷たくしちゃう自分がいて、悲しかった。それは、すごい悲しかった。

家に帰ってから頑張ってやっていた時もあるんだけど、やっぱりボロが出る。目を見ないで行ってきますと出て行ったりとか、ご飯いらないって言ってみたりとか、絶対やっちゃだめだよそういうの、お母さん気にするからって分かっているのに。ささいなことなんだけども、お母さんに対して優しくできなかったっていうのは、自分がお母さんの支援者になろうって思っていた時期があったからなのかなって思って。

仕事で関わっている精神障がいの人と、お母さんが精神障がいということは一緒なんだけれども、お母さんに対して精神障がい者として見ているかと言えば違うなっていうのはそこで感じた。

僕は精神障がい者というところでお母さ

んを見ていなくて、僕はお母さんはお母さんとしか見れない。ここで気付いたんです。お母さんに対しては、支援者になるのは無理だからやめようと。その気付きが一番大きかったですかね。

横山　この病気でなくてもよく言われますよね。医者は自分の家族を見れないとか、学校の先生は自分の子ども教えられないとか。そう言いますよね。これってやっぱり家族だから、いろんな関係性があるからだし、仕事だったら割り切れるけれども、二十四時間ずっと続けるということは不可能ですよね、疲弊しちゃう。お互いに。

田村　精神疾患ではないけど、僕のおじさん、おばあちゃんの面倒を見ていたんですよ、介護で。叔父さんは息子だからやるのは当たり前ということで、ずっと一人でやっていたんですね。二十四時間やっているわけですよ、夜中も起きて。「介護サービスを体験してみれば」って言ったら、そんなのできない親不孝だと。僕はデイサービスの仕事経験があったから、それでケアマネさんを探して、結果、週三回とかデイサービスに行ったら、叔父さんも自分の時間ができて、すごく元気を取り戻して。それで、おばあちゃんのほうも、社会に出たから元気取り戻して。そういうのも同じかなと思いました。

横山　高齢者もずっと家族が介護をしていましたけれども、いつか介護の社会化が当たり前になってきましたよね。家族だからといっても見なくてもいいんだ。だから施設に預けたり、デイケアに通ったりしていいんですよ。家族も元気にならないとだめですよ。そう言われているのに、こと精神に関してはスティグマがあるから、家族も「こんな子どもの面倒を人さまに見てもらうなんて申し訳ない」という気持ちが強くて。とても遅れている気がする。社会化されるのがね。

編集部　正当なことなのに、世の中が理解を示さないという状況ですね。

横山　家族が支援を外に求めるということに、なぜ世の中が理解を示さないのかが分からないです。家族がなかなか外に開けないのは分かるけれども。世の中が認めてくれないっていうのが分かんない。家族にやれっていうのが。

僕が勝手に母を支援。外につながっていたら、母の人生も豊かになっていたと思う

坂本　お母さんは結局、僕に支援を求めたのじゃなくて、僕がお母さんに対して支援をしてあげたいという気持ちがすごい強かった。こどもぴあに入る前とか、その頃、僕は共依存というような言葉を使っていたんですけども、でもよく考えたら僕だけが母に支援をすることに依存していたことで、お母さんは別に僕に依存していなかった。僕が支援をするって言っているからお母さんは受けてるだけ。そこが大きな勘違いだったなーっていう感じで。僕がそこで違う人

に委ねて、学校で勉強して、仕事で出会って、そこにつなげばいいんだって分かっているのに、やらなかったのは僕の大きな反省点。

今、お母さん本当に孤立しちゃってるんですけれども、区役所としかつながっていなくて、僕がもう少し気付くのが早ければ、お母さんの人生ももっと豊かになったんじゃないかなというのはずっと思っている。だから、変に囲って小さいコミュニティーで家族がずっと支援をする、それが長く続けば続くほどマイナスは大きいかなと。

蔭山　引きこもりと同じですね。

坂本　そうですね。

家族は支援者、という考え方が引きこもりにつながる

横山　家族と支援者は全くの別物ですよね。家族は支援者とは違う。支援者は社会とつなぐという役割がある。親子共に引きこもるということはね、社会から孤立していくということをさらに強めてしまう。

坂本　家族が担う支援をゼロにすることは、まぁ無理だと思うんですよ。やりたい部分とかあるから。でもなんかそれが例えば三分の一担ってくれる人がいたら、僕は三分の一でどっかで発散して、三分の二に集中できる。それだけでいい。全部を担ってもらうつもりはないし、無理だし。ちょっと回復

できる時間が欲しい。親と離れるとか安心できる時間というのが。

例えばここの二時間だけはお母さんに寄り添っているからと言ってくれる支援者がいて、平日の月曜から金曜日まではおかあさんが困ったらここへ電話でつなぐから、という人たちがいてくれれば、僕が倒れてもどうにかしてくれるって安心感を僕が持てる。

それこそお母さんって、僕に支援してほしいなんて思っていないと思うから、申し訳ないっていつも言ってるから。だから、僕がお母さんをずっと支援してきたことは、あんまり良い効果を生んでいなかったなっていうのが、僕が思っていることです。

障がいがあっても、親は親としての役割を果たそうと思っている

林　私もお母さんの支援者になろうとしてやってきたから、今、子どもとお母さんって関係を聞いてて思ったんですけども、たぶんお母さんは私に罪悪感をもっていると思うんです。
今、お母さんは安定して生活しているから、たまに食べ物とかを送ってきてくれるんです。私が昔、食にすごく困っていたことがあって、お金がなくて食べられなくて。たぶん話の中でそんな昔のことをお母さんに言ったんですね。そしたら、「そんなことをしてたのか」と。たぶんお母さんも衝撃

だったと思うんですよね。私もそんなことまで考えないでぽろっと言っちゃったので、それで心配をしているのかもしれないんですけれども、たまに食べ物を今になって送ってきてくれるんです。親として学校に行かせてあげられなかったとか、そういう罪悪感をもっているんだなとすごい感じて。母の日に何かするよって言っても、「いいよいいよ」ってすごく言うし。親としていたかった権利を私は奪ってきたのかなと。

坂本　悲しいわ、その話。

横山　お母さんは娘に対して、今、役割を果たそうとしてくれているのよね。

林　お母さんもたぶん、それをやってあげたくて食べ物を送ってきたりしていると思うから、受け入れるんですけれどもね。でも「余裕がないのに、そんなことしなくていいんだよ」っていう気持ちがあるから、素直に受け入れられないんですよ。お互いに遠慮しているのかな。

横山　お母さんは役割を果たしているんだから、喜んで受けてあげないと。

子どもが子どもの人生を歩むことが、母の一番の喜び

林　そこをそのまま素直に、「やったーありがとう、お母さんこれもあれも」なんて言えることはまずない。「いいよいいよ」って言っちゃう。「いいよ、無理しないで」って。罪悪感をお互いにもっているんですよ。そこが、「親子」でずっといたら、そんなことはなかっ

たのかなあって。

坂本　僕の家も林さんの家みたいに、お母さんは僕に「自由な人生を歩んでほしい」みたいなことをずっと思っていたけど、寄り添っているという選択肢を僕がとっていたから。今は全然連絡しなくなっちゃったんですけど、僕が好き勝手にこどもぴあをやったり、海外旅行に行ったり、仕事したりしてるのを、お母さんがすごく喜んでくれていて。単純に自由に過ごしていて、お母さんに何かしてあげるわけじゃないんだけれども、それだけですごく親孝行になっているから、僕はこう、人生をちゃんと歩んで行かなきゃいけないんだなっていうのはすごく感じられている。お母さんにもすごく感謝をしている。

田村　俺は週一回、電話するようにしている。

蔭山　何、話すの？

田村　何もないんだけれど、最近どうよって。それで自分の近況をさらっと伝えて。駅から会社まで歩いて十分あるから。基本、月曜日だけ。

坂本　僕はね、またお金の話とかをされるから、苦手になっちゃう。だから三分ぐらいだったらいいかもしれないけど。

横山　人それぞれ違うのがいいですね。坂本さんが元気に活動していることが、お母さんの元気の源。全部支援者に委ねるわけじゃなくて、親孝行の部分を作るだけの余力を残せる支援が大切。それが親子。

蔭山　そう、それがないと関係を切っちゃう。お互いに孤立しちゃうという話になる。

山本　私は会いに行っています。遠いけど、遠いのが良い。飛行機に乗って会いに行く。海外までいけちゃうって、そんなにマイルがたまるほど飛行機に乗りました。

横山　これね、ぜひ当事者さんに読んでほしいなと思ってて。今当事者さんの子どもだとか、これから結婚しようかなと思っている人の力になるような気がして。

6 当事者に伝えたいこと——親への思いを通して

怒りの矛先は

横山　親が精神を患い、皆さんは大変な子ども時代を過ごしたわけですが、そういう状況の中で、親への怒りというのはあったんですか？

山本　親への怒りはありますよ。

坂本　僕は怒りってあんまりピンと来なくって。怒りを覚えるようなこともなかったし、お母さんの病気がバレるようなこともしなかったから。たぶん、そこで理解されないこととか、むげにされているお母さんを見るとか、そうしたらたぶんそれが怒りになるんだろうけれども。僕はそこまで至らなかったかな。

横山　病気とか出来事とかによって、怒りは出てくるのかな。

蔭山　わたしにも怒りがあります。やっぱり、ばかにされたとか、あの家とは付き合うなとか。父親のことで、自分の家とかに世間の見方がそうだったという、ものすごく暗い子ども時代があるわけよ。底辺だからこれ以上、下に行くこともないし、底辺を知っているからこその強み。これで何を失っても、私はもともと失っている、持っていないわけだから別にいいんだ、みたいなところもあるし。私は結構、怒りが強い。今は、そういうのは薄れてきていますけど、昔は。

横山　蔭山先生に怒りがあるということは、感じ取っていました。

林　ぶつけられない怒りをずっと思っていましたね。抱いていたという感じ。誰にも言えないし伝わらない。一人でもんもんと、イライラとしていた。

横山　何か変革していこうという時に怒りというのはあるじゃないですか。家族に対してとか、社会に対してとかって。だからみんなが強く見える。すごくパワーがあるように思えるし。

山本　強くないんだけどね。

林　エネルギーは怒りから来ていると思います。私は。

蔭山　私思い出しました、それで。働きだして保健所で、同期の子に言われたんですよ。「あなたは怒りの人だね」って。

横山　ぷりぷりしているような？　攻撃的な、エネルギーを持っているなっていう？

坂本　反骨心みたいな？

横山　改革者というのはそうですね。みんなね。じゃないと、改革はできないよね。

編集部　怒りエネルギーの方向は、一つは社会ですけれども、家族とか親にも向けられるものなんですか。

山本　親へは向けられないですよ。

林　親への怒りではない。自分へは向けられるかもしれないけれども。

横山　親に怒りを持っているけれど、親には向けられない？

編集部　それってどうしてですか。

林　親には持ってないかもしれない。

横山　だって怒っていたじゃない、最初は。

編集部　そこすごく重要なところじゃないですか？　世間には向くけれども、そもそもの原因である親には向くかどうか。向くとしたらどういうふうにして向くのか。それをどうコントロールしたのか、というようなことを知りたいです。

横山　最初、こどもぴあに来た時には、本当に憎たらしいって言っていましたよ。親が。あんな親、死んでしまえばいいのにって。

蔭山　みんなすごく罵倒していましたよね。親のこと。

横山　結構そういう人って多いですよね。

山本　死ねばいいのにと思ったことがあるけれども、それを直接、本人に言うことはない。

林　お母さんは死んだら楽になれるのかなって、昔は思っていましたけれどもね。病気を理解する前は。

こどもぴあにつながって、病気を理解し、怒りから回復

横山　当時は見えないじゃない。社会全体のこととか。ほかからばかにされたりしたら、なんで私の親がって思うじゃない。この親が私に人からばかにされるようなことをしているっていうふうに思う。でもその怒りっていうのが、こどもぴあのようなところとつながって、子どもたちが振り返りを続けていくと、だんだん回復して変わっていくような気がします。

編集部　幼い時、怒りは親に向くんですか？

蔭山　幼い時っていうか、もうちょっと分かってからじゃないですか。

山本　幼い時は、自分のせいだって思いがちな気がします。

編集部　自分のせい？

横山　自分を責めていますね。

怒り——幼い頃は自分に向き、自分を責める

山本　お母さんがおかしいとか、お母さんがわけの分かんないことをして、近所の家に苦情を言いに行っちゃったのも、私が悪いことをしたからだというふうに最初は思い、それで、もう少し大きくなって、それがまぁ

病気だっていうことが分かった。

編集部　それは、いつごろですか？　物心ついた頃ですか。

山本　思春期ぐらいです。

蔭山　幼い時と言うよりもうちょっと遅いです。

山本　中学生ぐらいかな。

横山　中学生ぐらいに親に怒りが？

林　私は小学生の高学年から中学生ぐらいかな。

坂本　怒りって例えば、なんて言いたいの？

林　親に？

坂本　うん。もっとしっかりしろみたいな？

林　まぁまぁそんな感じ。もっとしっかりしろとか。

山本　結局、言えなかったけれどもね。

林　言ったら大変なことになるもんね。

横山　だから逃避しているのね。外に出ちゃったりとか、家に戻らなかったりとか、他の悪い友達とくっつこうとしたり、居場所を求めたりとか。

自分の家族の世界がすべての世界 選択肢も知らない

編集部　徹底的に拒否するというか、そうならないのは、親と子のつながりみたいなものなんですか？

山本　徹底的に抗戦したら、母の具合が悪くなる。

横山　しないんですよ。普通、「そんなに嫌だったら出ちゃえばいいのに」とか思いますよね。

蔭山　出れないですよ。

山本　出れないです。

蔭山　生きていけないじゃん。だって。そんな。

横山　小さい時はね、でも、大きくなって経済力がついても出ていかない。

林　出ることへ罪悪感が生まれることもあります。

坂本　自分だけ出るということに?

林　自分だけがそこから抜け出したとか、他の家族を置いていったとか、具合の悪いお母さんをそのまま一人にしちゃったとか。やっぱり、ちょっと罪悪感をもっちゃう。

編集部　今の話だと、現実的な問題として、自分がどうやって食べていけばいいか、生活していけばいいか、それがまずあって、だから現状を受け入れるしかないということなんでしょうか。

横山　子どもの時はね。

坂本　でも、いきなりお金を渡されて、家も渡されて、じゃぁ、離れてもいいかって言われたら、僕は心理的な部分で離れられない。

編集部　そこの部分を聞きたいです。

蔭山　私たちって子どもの世界が狭いんですよ。だから選択肢も知らないんですよ。家もそこにいるのが当たり前だから、いろんなとこへ行けますよとか、という知識も機会もないし。親の病気のせいで仕方がないけど、狭い世界で生きている人たちが多い。

林　幼い頃は、本当に幼い頃は、たぶん自分の家族の世界が自分のすべての世界だから、そこがダメとかいいとか分からない。その自分の家族のありようしか知らない。そこで親が調子が悪くなったら自分のせいだってなるし。それが普通。自分にとっての普通。

だんだん大きくなってきて他の家族を知っていった時に、「あれ? うち違うんだ。うちのお母さん変だね」っていう感じになる。離れたいとか離れたくないとか、たぶんちっちゃい頃はそんなこと考えられないでしょう。

蔭山　離れられないですよ。

編集部　坂本さんが「心理的なもの」とおっしゃいましたよね。そこをもうちょっと説明していただけますか。

坂本　僕は怒りという気持ちはお母さんにはなかった。僕はずっとお母さんのことが好きだったから。でも、僕は先ほど山本さんが言われたように、死にたいとお母さんに言われたことがあって、本当に死ねばいいのにと思う気持ちが半分と、いやそんなの悲しいし死んでほしくない、大好きだからという気持ちと。でもそのお母さんに費やしていた時間とか気持ちとか、体力みたいな労力みたいなところは、まあ大変だったし、学校もあるし。朝まで話を聞いているとか。

だから、負担は負担ですごく感じていて、逃げ出したい気持ちもあったんだけれども、お母さんのためにそこに労力をさきたい気持ちもあった。そこのバランスはすごく難しい。はたから見れば「離れちゃえばいいじゃん」って言われるんだけれど、でも僕はお母さんのことが大好きだから。離れていいよってて言われている状況でも離れられなかった原因、僕はそうだったかなと思います。

子どもを産むという不安——支援者のサポートを受け入れて

横山　当事者さんに向けての言葉ってありますか。

林　子ども作ってもいいのかなっていう人は結構いますよね。それは、いいと思います。周りに応援してくれる人がいっぱいいれば。

田村　環境っていう感じがしますよね、見ていると。ちゃんと環境ができていればやれることがいっぱいあって。

坂本　それはサポートということですか。

林　お互いに楽に子育てできるというか。

横山　当事者の子どもも、サポートを受けながら、勇気を出して歩んでいくっていう感じ？

山本　サポート入れることを隠したりするとだめだから。

坂本　普通にみんな、子ども産んだらサポートが入るじゃないですか。障がい関係なく。それとはまた別のサポートが必要だと思う。

林　病気だっていうことを隠さなきゃいけないサポートと、ちゃんと伝えられるサポートと。精神疾患ってスティグマがあるから、病気だって言いたくないから、普通のサポートだけでは言えないことがあるかなと。親もサポートを受け入れるっていうのが大事。

坂本　子育てのこと発信しなきゃね。

横山　普通に産んでいいんだよっていう感じ？

坂本　そうですね。普通の子育てのサポートとはまた別の配慮というものが出てくるでしょうね。簡単な、子育てで不安が強くなってきた時に話を聞いてもらえるとか、そんなことをしてくれる場所はあるんじゃないかなと思うんですけどもね。

横山　それはあるね。サポートを身内だけに求めるんじゃなくてね、外に求めないと。

林　そうしないと、絶対大変ですよね。子育て以外にも、ＰＴＡとかもやらないとだめじゃないですか。周囲に障がいへの理解がないとそれは大変ですよ。

横山　調子崩しちゃうよね。

林　周りの理解はすごい重要です。

伝えたい――子どもである私たちが、今、思うこと

蔭山　生まれてきたことに対して、子どもである私たちがどう思っているかとか、そういうことを伝えたらいいのかなぁと。この親がいるから、今の自分が居るみたいな。

横山　体験記には、皆すごく、愛情にあふれた言葉が綴られてましたね。大好きとかね。

坂本　この前、あるところで話した時に、うつ病の人がいて、「坂本さんの話を聞いて自分がもし子どもを産んでも、親をこんなに愛してくれるんだ。嫌なことも大変なこともあったけれども、でもこうやって人前で

お母さんのことが大好きって言ってくれるような子どもに育つんだ」って言ってくれて。その人がすごく、自信につながった、安心感につながったみたいなこと言っていて。僕も当事者の方が聞くというのはあまり意識せずに話していたんですけれども、子育てできるか、子どもがどう思うか、すごく不安なんだと思う。愛情は注ぐんだろうけれども。どこが不安なんですかね、子育てに対して当事者の方は。

横山　不幸にしちゃうんじゃないかなとか思ってるんじゃないかな。

林　それはたぶん、これまでの精神疾患に対する理解がそうなっていますからね。

横山　ネガティブな方向にばっかり考えてね。

親は親で、子どもは子どもで幸せになれる

林　親が病気だったことのメリットはすごくあると思います。空気読めるとか。

坂本　みんなは、親が障がい者じゃないほうがよかったと思う?

林　私はこのお母さんでよかった。

田村　僕もそう思う。

横山　そこ、大きいね。

林　病気があるとかないとかじゃなくて、お母さんはお母さんだから。病気を含めてのお母さんで、性格の一つみたい。それはお母さんにとっての良い面でもあるし悪い面でもある。どっちにもなり得ることだから。自

分にとっての良い面にも悪い面にも影響している。子どもは子どもで幸せになれるし母は母で幸せになれるし。

田村　濃い関係だね。

横山　「この親ではないところに生まれて、人生やり直したかった」とは、皆さん思っていないのはすごいことですね。

「産んでくれてありがとう」今はそう言えるようになりました

横山　この本がどのように活用されてほしいかについて、どう思いますか。

山本　当事者の人が読んで、何か力づけるではないけれども、少なくとも望んで子どもをもつとか結婚するとか、そういうことを望んでいる人が、してもいいのかなって思えるといいなとは思う。力づけるというところまではちょっと分かんないんですけれども。

坂本　ほかのいろんな家族に対する思いを知るきっかけになればいい。親をぼろくそに言う人もいるけれど、それはそれ。いろんな気持ちがあっていいと思う。そこを知ってもらえると一番良い。

田村　親が病気であることを引きずる人もいるしね。

横山　ある意味、障がいをもった親の子どもでなかったとしても、共通の親子論かもしれない。

坂本　親子ってなんだろうって腐るほど考

えてるね。ずっとずっと考えている。

編集部　お母さんが好きだって言うのは、マイナス面も含めて好きだっていうことですか？

林　そうですね。全部ひっくるめて、お母さんが好き。お母さんが誕生日の時だけ言うんです。「産んでくれてありがとう」って。

坂本　想像しただけで泣きそうになる。ある意味、どこから病気で、どこから個性なのか、あんまり分かんない。それっぽさもお母さんが発症する前から持っていたから。だから病気の部分を嫌いと思っちゃうと、お母さんの個性も否定しちゃうような気もするし。すごくグレーなゾーンがいっぱいあるから。

そんなことはあまり考えてないというか、好きか嫌いかって言われたら好きですという感じです。

横山　改めてこの本の皆さんの体験記を読んで、自分の人生も考えたし、親子関係も考える良い機会になりました。

多くの人に読んでほしいですね。精神障がいをもった別の立場のご家族、親御さんや、きょうだいさんや配偶者さんにも読んでもらいたい。もちろん当事者の方にも読んでもらいたい。

それから一般の方にもぜひ読んでいただいて、障がいへの理解を深めるきっかけにしてほしいですね。

今日はありがとうございました。

第3章

考察

まとめ

家族であり、支援者であること

蔭山正子

本項では、これまでに書かれた四名の体験記と、座談会で話された内容をもとに、家族であり支援者でもあることの意味や、家族であり支援者であるから起こりえた気付きを整理します。私自身も精神疾患をもった父親と小学校中学年まで暮らし、彼らと同じく支援者（看護師・保健師）の道を選択していますので、私自身の経験の解釈を含めて述べたいと思います。

1　支援者という職業選択に秘められた思い

林さんや山本さんは看護師になりました。看護師と言えば、女子小学生のなりたい職業ランキングでは一、二位を争う不動の人気を示します。しかし、お二人や私もそうですが看護師を「白衣の天使」などと憧れて選んだわけではありませんでした。「こどもぴあ」に参加する人の中には、看護・心理・福祉を学んだ人が多く、彼らの進路選択に精神疾患の親が関係していることは多い印象があります。今回執筆してくれた四名の方が看護学校や福祉の専門学校に通ったのは、看護師や福祉職になることに強い憧れがあったからでも、明確に支援者になる意思があったからでもありませんでした。「お母さんのために学びたい」という子どもとして親を理解したい気持ちと、いくつかの条件が重なった上での選択でした。閉ざされた家庭で狭い世界しか知らない子どもが「身近」に知っていた数少ない職業で、貧困家庭でも家計的になんとか可能な選択肢だったとも言えるでしょう。そして、安定した将来を信じていない彼らが誰にも頼らなくても生きていくために「手に職をつけられる」資格が得られ、ケアラーとしての経験から「素でできる」職業でもあったと思います。いわゆる「普通の家庭」ならば進路選択をするまでには、親や高校の先生に相談したり、調べたりして、自分の将来をじっくりと考えると思います。しかし、彼らは親の病気や家庭の問題に気がとられ、自分の将来をじっくりと考えることができませんでした。不安な気持ちを一人で抱え込んでいた林さんや山本さんは、自分を傷つけるほど追い詰められ、「全部どうでもよくなっちゃって」と語っています。また、親のケアに気をとられていた坂本さんは「みんなよく働けんな」と就職ではなく進学を選んだと語っています。彼らにとって看護や福祉に進学する選択は、積極的な選択というよりも、「なんとなく」自然に行き着いた現実的な選択と言えるかもしれません。

看護や福祉の道を選んだ彼らは、学校で精神疾患を学ぶことになりました。その学びの中で必然的に親や自分に向き合うことになったのです。学校で教えられること、現場の支援の在り方などを知るたび、自分の体験と比較して違和感を覚えました。山本さんは現場の看護を見る時に、いつも「母のことを思いながら」その場に居たと語っています。彼らは、自分の親と患者さんが重なる時、不誠実な対応をする支援者のことを「カス」「クズ」と痛烈に批判しています。この言葉の強さは、親を思うが故に許せない気持ちがあることを反映しているように私は感じます。山本さんが幼少期に救急外来で看護師が母親のことを「プシ」と侮辱された怒り。人生を歩んでいても根底に流れる強い思いがありました。

「病気の人が親として生きていけるように」精神科訪問看護の道を選んだり、病気のことを誰にも言えないような社会を変えたくて精神科看護を選んだり、母親が働いて元気になったように働くことを支援したいと就労支援事業所を選んだりしていました。

親への強い思いを根底に、進学して学ぶ中で、多くの違和感を覚えた彼らは、自らの意思で積極的に看護師や精神保健福祉士を選択するに至ったのです。

2　子どもが後遺症として持つ「生きづらさ」

執筆者四名の方は、精神科看護師や精神保健福祉士として、精神医療や福祉の現場に入りました。その体験は、子どもの立場である彼らの人生にどのような影響を与えたのか、その意味を考えてみたいと思います。まず、子どもが抱える「生きづらさ」がなぜ生じているのかについて私の考えをご説明します。

「こどもぴあ」で出会う人の多くは、一見して壮絶な家庭で育った人には思えません。どちらかと言うと、「しっかり者」、仕事もできる自立した人という印象であり、明るい印象を与える方も少なくないです。しかし、「つどい」で吐露される体験は壮絶であり、かつ、自分に自信がない人も多くみられます。外面とは異なる内面をもち、そのギャップは驚くほどです。内面では、アイデンティティーが確立せず「自分って何?」、「ありのままの自分」が分からないこともあるようです。そして、困った時に相談できないなど仕事にも影響するようになり、「生きづらさ」を抱えていることを自覚されている方もいます。

精神疾患のある親をもつ子どもが抱える「生きづらさ」の核心にある心理が「人を信用できない」ということなのではないかと私は思います。親が精神疾患を患うと、他人に病気のことを知られてはいけないという周囲の言葉や雰囲気を子どもは敏感に察し、「秘め事」を持たされることになります。それは、子ども自らSOSを発することを禁ずることでもあります。しかし、子どもは壮絶な体験をしています。子どもは「秘め事」に気付かれないように必死に隠そうとしているので、大人から助けてもらえないことは当然ではあるのですが、子どもからすると「大人は誰も助けてくれなかった」という体験となってしまいます。また、勇気を出して少し信頼できそうな人に言ってみたことがある人もいます。しかし、せっかく伝えても真摯に対応してもらえないことは珍しくなく、それは「誰にも言うまい」というSOSを出さないと固く誓うことにもつながります。このような体験があると、大人全体への不信感を増強させてしまうでしょう。そして「人を信用できない」

ということになります。また、「秘め事」があるが故に友人にも家族のことをはぐらかして伝えなくてはならないなど、親しくなることも難しくなり、余計に孤立してしまうのだと思います。

さらに、不安定な家庭で育つと、親が子どもの感情に目を向けてくれる機会が少なくなります。自分の感情に注意を払われないまま育ち、家庭や親のことばかりに注力する生活を送っていると、自分の感情が育ちにくく鈍感になってしまう、あるいは、鈍感になることでなんとか生活を送るということも起きるでしょう。それは、「ありのままの自分」が分からない、「自分を大切にできない」ことにつながってしまうのだと思います。

このように子どもは「秘め事」を一人で抱え込まざるを得ず、自分が持っている感情が育たない・気付かないまま大人になってしまう傾向があり、後遺症としての「生きづらさ」を抱えてしまうのだと私は思っています。

3 人生における「こどもぴあ」と支援者であることの意味

「こどもぴあ」では、同じ子どもの立場の進行役によるサポートグループ「つどい」の他、

「（子ども版）家族による家族学習会」というピア学習プログラムがあります。そのプログラムでは、親の疾患を簡単に学習した後、幼少期にさかのぼり、思い出やその時の自分の感情を思い出し、同じ子どもの立場同士で共有します。他の人の体験を聞くことで過去の体験を思い出すことができ、その時の感情を肯定して、親の置かれていた状況も理解することで、自分の物語を書き換えていくことになります。もちろん体験した事実は変わらないのですが、解釈が変わることで自分の人生を肯定できるようになります。

繰り返しになりますが、子どもの立場の人は、感情が育ちにくかったり、感情を封印していたりすることが少なくありません。その彼らが「こどもぴあ」とつながり、安全な環境の中で初めて「秘め事」としていた、自分の感情の封印を解くと、まず親への怒りが出るように思います。

「こどもぴあ」では、せきを切ったように親がいかに「変」であるかが話され、「わかる」「わかる」の札（作成した札を渡している）がどんどん上がる現象が起きます。人の感情に引きずられるように他の人の感情も吐露されます。安全な場では「あんな親、死んでしまえばいいのに」という言葉さえ発することが許されます。この時に湧き出る「怒り」の感情は、自分が封印していた感情を解いたことを意味するため、回復の一歩だと捉えることができるでしょう。また、「こどもぴあ」で吐露すると、そこに悲痛さや重苦しい雰囲気はなく、ユーモアや笑いが起きるのです。「怒り」の感情を昇華させる不思議な現象が起きます。専門家のグループでは成しえない、自助グループが成せるわざだと言えるでしょう。仲間だから、否定的な過酷な過去も分かち合いやすくなります。「家族による家族学習会」で過去を振り返ると、嫌だった思い出だけでなく、そういう中でも親が自分にやってくれたことや楽しかった思い出もよみがえってきます。そして、親を憎む気持ちは、親に私をかわいがってほしかったなど、親を求めているからこそ生まれてきた感情であることにも気付いていくということも起きます。

とにかく飾らず、偽らず、真情を吐露することが重要です。そうすることで初めて、これまで憎くて仕方がなかった親の言動が他の人の親と共通していることに気付くでしょう。共通しているということは、その親個人の問題ではないということを意味します。これはパウロ・フレイレの言う「意識化」(1)と共通します。親個人の問題として思っていたことが、実は病気の症状であったり、病気の親に支援が入らない問題であったりすることに気

(1) パウロ・フレイレ著;三砂ちづる訳:新訳被抑圧者の教育学,亜紀書房,二〇一一)

付くのです。そして、怒りは、親から社会へとその矛先を変えていきます。親がそうせざるを得なかった事情や苦しみを理解できるようになると、子どもの親への気持ちが変化していきます。親を理解することは、自分の原点を知ることでもあるのです。「親が好き」と思えなくても「この親だから今の自分がある」と自分と親を肯定することができるようになると思います。

子どもとしての人生において、支援者になったことにも意味があると思います。彼らは、あえて親と同じ精神疾患を患う人がいる場で働くことで、自分と向き合うと同時に、患者さんを通して親と向き合うことになっていました。特に親と直接関わることが難しい場合は、親に対して理解してあげられなかったことを患者さんや利用者さんを通して理解し、親にしてあげられなかったことを患者さんや利用者さんに行うということを通して、自分への治療的効果があると考えられます。また、実際に患者さんや利用者さんにとって良い支援や環境を追求することが、間接的に親の暮らしやすさにつながるという側面もあり、間接的な親孝行にあたると捉えることもできるでしょう。

4　支援者は意外にも天職だった

子どもとして精神疾患のある親と暮らしてきた彼ら四名は、自分や親と向き合わざるを得ない過酷な場、精神医療福祉の現場を自ら選び、飛び込みました。周囲の人は、自身が精神的不調をきたすのではないかなどとリスク回避の観点から、自分の課題に直面化させる場に就職することを薦めないことがほとんどです。しかし、彼らは確固たる信念を持ち、飛び込みました。そこで分かったことは周囲の懸念とは裏腹に、彼らの「天職」だということです。家族と支援者の二つの立場を持つからこそ際立つ支援がありました。

（1）当事者や家族の背景をイメージして、深く考察する

坂本さんは、当事者が置かれている現状の背景について、「いろんな過去があって、こうなっているんだなと。いろんな思いとか、いろんな思い出があって、苦しい思いをしているんだな」とイメージができると話しています。また、支援者は相談を受けた場における当事者の顔しか見ていませんが、実は、家では異なる顔があることもイメージできたと言います。当事者と家族が同居していても、会話があるとは限らないことも、坂本さんが家

族だからこそ想像がついたのです。

田村さんは、母親のことを一生懸命考え続けてくる中で、「何に問題があるかとか、なんかすごい上っ面じゃなくて、もっと深くなんでこうなっているんだろうかとか、そういう考察するクセ」がついていると話しています。当事者の思いや家族の思いや状況など複雑な要因を過去から現在そして未来へとつなげて考察する力がついてくるようです。

（2）当事者への温かいまなざしと対等性

精神疾患をもつ当事者は、とりわけ医療の中では、医師や看護師に管理される側面があるため、上下関係に陥りがちです。しかし、人との関わりの中で傷ついたり、精神疾患ということの偏見を受けてきたりした当事者だからこそ、同じ人間として互いを尊重して関わるという至極当たり前のことが重要になると思います。坂本さんは当事者のことを「人間として尊敬できる人」で、寄り添うことに楽しみを感じると述べています。林さんは、自分自身が子どもであるため、精神的な不調をきたしやすいという危機感を持っているため、精神的不調をきたしている当事者とも対等に関われると言っています。彼らは、精神疾患をもつ当事者全般への温かいまなざしや対等な関係性をもてているようでした。

（3）家族支援の必要性や有効な方法が分かる

山本さんや林さんは、医療の中では、看護師に家族支援という視点が欠けていると感じています。山本さんは、訪問した時に当事者だけでなく、その家族にも自然に目が行き、家族へのケアの必要性を感じていました。そして、家族の気持ちが分かり、また、どのようにアプローチすれば支援を受け入れやすいかといった支援の距離感も分かっていました。

5　家族である支援者だから見えたこと、分かったこと

彼ら四名は、看護や福祉の学校で学び、現場に入って実践する中で、これまで「当たり前」として存在していたさまざまな知識や実践に違和感を覚えていくことになりました。家族である支援者だから見えたことや分かったことがあったのです。

（1）専門的知識の限界と体験的知識の価値

精神疾患を患うと、あるはずのないものが見えたり聞こえたり（幻覚）、客観的にみて間違っているが本人は確信をもって訂正不能な考えをする（妄想）、無為自閉、感情鈍麻、認

知のゆがみ、そう状態、うつ症状など人それぞれに違うもののさまざまな症状が出ます。家族は、長年一緒に生活して、それらの症状にも付き合っており、家族に精神疾患の専門的知識が不足していると、いら立ち、けんかの原因にもなってしまいます。彼らが学校で精神疾患とはどのような病気かという「専門的知識」を学ぶことによって、これまで理解し難かった親の言動を分析的、客観的にみることができるようになっていました。それはこれまで整理がつかなかった親の言動を、症状と性格に区別して捉えることをある程度可能にするため、親に対しても優しくなれたり、疾患としての対処方法が見つかったりすることにつながっていました。

　専門的知識は、彼らに役立つ側面があることが分かると同時に、「教科書と自分の親があまり一致していない」「勉強が実践とリンクしていない」と感じ、専門的知識を実践レベルまで具体的にすると実はあまり役に立たないことにも気付きました。専門的知識を発信している学者は、身近で対処している家族ではないため、具体的な理解や対処方法には長《た》けていません。そこで役に立つのが「体験的知識」です。体験的知識とは、直の体験から得た情報や知恵で、自己や仲間との会話において意味が見いだされた知識であり、専門的知識とは異なる価値がある(2)と言われています。「自分のお母さん」にどうすればうまくいくか、どう伝えれば受け入れてもらえるかといったことを試行錯誤して見いだした知恵であり、それは他の人にも役立つことも多いのです。

座談会でも、専門的知識は「あったかくない」と表現されているように、専門的知識は客観的で一般化された知識ですから、相手がそれを受け入れるかどうかは問いません。一方で、体験的知識は、主観に根差していますので、彼らが受け入れられる知識や伝え方が選別されていきます。そのため、当事者にとっては「あったかい」ものになると考えられます。いくら客観的に正しい知識であっても、相手が受け入れられなければ役に立たないでしょう。どう伝えれば相手が拒否せずに受け入れられるかという、伝え方も含めた感情を伴った知識が体験的知識だと言えるでしょう。

彼ら四名は、専門的知識の意義とともに限界を感じ、自らが持つ体験的知識の価値に気付きました。自助グループには、何百、何千の体験的知識が蓄積されていると言われています。体験的知識の価値への気付きは、「こどもぴあ」という自助グループの意義を再確認することにも通じているかもしれません。

(2) (Bork man, T. Experience knowledge : A new concept for the analysis of self-help groups. Social Services Review, 50 ; 445 l 456, 1976.)

（2）「当たり前」に違和感を覚える

看護師として、精神保健福祉士として現場にある「当たり前」の文化に違和感を覚えました。

支援者は冷静であるべし？

家族であり、支援者である彼らにとって、患者さんのことで冷静な考え方をすることは難しいことでした。長年、臨床で看護師をしていた横山先生は、「(支援者の) 教え方が独特だよね。常に冷静でありなさいみたいな、自分の感情出してはいけませんみたいな。ロボットのような、仮面のような、そういう支援者さんを、育てようとするから。一緒に泣いちゃだめよみたいな。」と言っています。

医療現場では支援者は冷静であることが求められますが、そもそも常に冷静というのが良い支援なのか？という疑問が湧きます。支援者は患者さんがつらい時に一緒に泣いてはいけないのでしょうか？それは患者さんの支えにはならないのでしょうか？私も疑問に思います。

家族支援がおかしくない？

精神科病棟で面会に来られた家族に話しかけると「逆にびっくりされたり」するくらい、家族は看護師から支援という視点で話しかけられることがないと林さんは言っています。家族を「病因としての家族」「再発の原因としての家族」「介護者としての家族」として医療従事者は見ることが多く、「問題のある家族」と判断されると面会を制限するなどして患者さんと「切り離す」という措置が取られることもあります。残念ながら家族を「支援の対象」とは見てくれないのが現実だと思います。

身体科ではどうでしょうか。確かに「介護者としての家族」として見ることはあります。しかし、家族を「悪者」として見ることはないと思います。家族を「悪者」とする見方は、研究者が「病因としての家族」を指摘し、長きにわたりそのケアが続けられてきた歴史的過ちがあり、その影響が今もなお取り除かれずにいるからではないかと考えます。

医療者が冷たくない？

山本さんが幼少期にショックを受けた、看護師が発した「プシ」という言葉。「プシコ」「ピー」という言葉も同様に、精神科の患者さんを指す「偏見ワード」として医療の中で用いられています。その言葉には悪いイメージが付きまとっており、医療職によるスティグマと言えるでしょう（スティグマの起源は、ギリシャで、異常で悪い人を知らせるため、奴隷や犯罪者などの体につけたしるしだったと言われており、レッテルを貼られることで否定的な影響を生じる状態を指す）(3)。私は精神科以外にそのようなスティグマが付与された身体科を知りません。「人ごと感がみんなすごい」と言っているように、精神疾患は自分とは関係のない疾患だという認識があるのだと思います。生涯のうち四人か五人に一人は精神疾患にかかる(4)と言われていて、ありふれた病気であることを医療者なら知っているはずですが、実感として持ちにくく、いつまでたっても「人ごと」なのはなぜでしょうか。

支援者の働き方を見ても、「クソだな」と感じているように、よい支援を追求しようという姿勢が見えないということも語られました。そして、必要だと考えた支援をしようとすると、「やりすぎだ」と言われる始末です。必要な支援を考えるのではなく、診療報酬、他の人と足並みをそろえる、他の人にも同じことができるかが基準の支援のみが許される文化が見えてきました。彼らは、制度という枠から一歩踏み出した支援をしないと患者さんや家族のためにならないと感じていました。病院という閉ざされた空間に収容されていたのは、患者さんだけではなく、「医療者」もそうだったと横山先生が指摘しました。精神科病院という閉ざされた空間で長きにわたり染み渡るように醸成された文化では、その中にいる人は「おかしさ」に気付けないのではないでしょうか。「おかしさ」に気付けた意識の高い人は、病院を辞めて地域へと飛び出す、そのような人を私も見てきました。そうすると、いつまでたっても病院文化が変わらないのではないかと危惧します。

（3）現れた、静かな変革者

子どもであり、支援者でもある彼らは、精神医療という親や自分を傷つけた、嫌な世界にあえて飛び込みました。精神科で働くようになって「おかしさ」に気付き、怒りが表出されるようになったのです。横山先生が「何か変革していこうという時に怒りというのはあるじゃないですか」と言うように、怒りは変革のエネルギーとも言えるでしょう。彼らを見ると、内面では激しい怒りを抱いていますが、外面からその勢いを感じることはありません。静かに染み渡るように変えようとしている「静かな変革者」のように見えます。居

（3）ゴッフマン（石黒訳）：スティグマの社会学，せりか書房，一九八七
（4）Kessler et al. Lifetime prevalence and age-of-onset distributions of mental disorders in the World Health Organization's World Mental Health Survey Initiative. World Psychiatry, 6(3):168-167, 2007)

続けられる強さはどこからくるのかと言えば、おそらく親への思いなのでしょう。親に直接的にはできない親孝行を、環境を変えることによって、いつか間接的に母親の生活をよくすると考えています。彼らは、親が精神疾患であるが故に、親が受けた屈辱、親の豹変、強制的な入院といった、トラウマを経験しています。そのトラウマを乗り越える過程で、人生にとって大切なものを見つめ直していました。彼らは芯の強い人間です。彼らは、真の変革者になるのかもしれません。

6　家族は支援者になれない

子どもという家族であり、支援者である彼らは、家の外では支援者として精神疾患のある方を支援し、家に帰ると、精神疾患のある親と関わります。両方の立場の体験を通して、行き着いた結論が「家族は支援者になれない」ということでした。

(1) 家族間に生まれる当たり前の感情を消すことは、家族であることを止めること

家族同士は、同じ家に住み「物理的距離」が近い上に、特別な感情があり「心理的距離」

も近いのが一般的です。子どもならば親には「かまってほしい」「親らしくしてほしい」など「期待」「甘え」といった感情が芽生え、応じてくれなければ「いら立ち」、「振り回され」、感情のコントロールが難しくなるでしょう。林さんが、親のことを上司に相談したら、「あなたの気持ちが振り回されているから、親としての目線じゃなくて、病気をもっている、患者さんという目線で見てみたらどうか」と言われて、病気だと「割り切ったら」、「何かが変わっちゃった」。それは、自分の「感情を押し殺す」という対処法であり、「手っ取り早い」対処法でした。

彼らは、支援者として専門的知識を備え、実践現場での経験知を得てもなお、「冷静な考え方はできない」と言っています。坂本さんは、支援者として母親に接するようにやってみましたが「お母さんに優しくできなかった」「僕は精神障がい者というところでお母さんを見ていなくて、僕はお母さんはお母さんとしか見れない」ことに気付きます。

行き着いた結論は、「お母さんに対しては、支援者になるのは無理」ということでした。家族であるのに、支援者のように専門的知識と経験で「精神障がい者」として家族に接することは、家族として生まれる当たり前の感情を押し殺すことであり、強いて言えば、「家族であることを止めること」であるのでしょう。

（2）家族が余裕を持てないと、優しくなれない

家族だけで、すべて対処しようとすると、「身動きが取れなくなる」と山本さんは言っています。第三者の手を借りずに、家族だけで頑張っていると、密着し、「対峙」することしかできなくなり、余裕がなくなります。余裕がないと、悪いところばかりに目がいき、精神障がいのある親の良いところや思いをくみ取ることができなくなり、余裕を持つと、「身動きが取れる」ようになると言っています。ですから、第三者の手を借りて、客観的な立場で、客観的な視点を持って、かかわってもらったほうがうまくいく場合も多いのです。

横山先生が指摘しているように、教師も自分の子どもを教えられない、医師も自分の家族は診られないということと同じなのでしょう。家族は、どうしても感情的になってしまいます。精神障がいがあると、他人と関わることが苦手であることが多く、第三者と信頼関係が構築されるまでに時間も労力も要します。それでも、第三者ができること、第三者がする方がうまくいくことは、なるべく委ねたいところです。それは、家族が担う役割をゼロにするということではありません。家族も自分が好んで関わりたい部分があるのも事実です。例えば、三分の一でも他の人に託すことができれば余裕が生まれると坂本さんは言っています。余裕が生まれることで優しく接することができ、家族でいられるということだと思います。

（3）家族だけで支援することは当事者のリカバリーを遅らせる

お母さんが大好きな坂本さんは、「自分がお母さんを支援してあげたいという気持ちが強すぎて、お母さんが人につながれずに、今孤立してしまっている。もっと人とつながっていたら人生が豊かになったのではないかと思っている。」と後悔の念を抱いていました。

一般的に当事者は、人との関係を構築することが苦手で、うつ症状や倦怠感などから家にこもりがちな方が少なくありません。家族は病気の当事者を心配し、当事者は外に出る不安があり、互いに互いを必要として、家族だけの密着した関係になりやすいという特性があります。しかし、当事者のリカバリーは、人とのつながりの中で起こると言われています。そのため、家族が良かれと思って、家族だけで支援することは、結果的に当事者のリカバリーを遅らせることになってしまうと言えるでしょう。家族が頑張りすぎず、第三者にゆだねて、当事者が家族以外の人とつながることで世界が広がり、リカバリーを促進すると考えられます。（精神疾患をもつ人のリカバリーとは、たとえ疾患による限界があっても満足のいく、希望のある、そして貢献する人生の生き方であり、精神疾患という衝撃的な影響を乗り越えて、新しい人生の意味や目的を見いだす、そのプロセス）(5)

(5) Anthony, W. A.: Recovery from mental illness: The guiding vision of the mental health service system in the 1990 s. Psychiatr.Rehabil.J.16 (4); 11-23, 1993.

7　親への思い、感謝

精神障がい者が親になることにいまだ世間の目は冷たいと感じます。「こどもぴあ」で書いた初めての本、『精神障がいのある親に育てられた子どもの語り――困難の理解とリカバリーへの支援』（明石書店、二〇一七）のアマゾンのカスタマーレビューには、精神障がい者が親になることを排除する優生思想的発言が書かれており、それに十名以上の人が「役に立った」と評価しています。私はこのコメントに「違反を報告」しましたが削除されていません（二〇一九年十月現在）。では、実際に精神障がいのある親に育てられた子どもは、親にどのような思いを抱いているのでしょうか。

執筆者四名は、「僕はこう、人生をちゃんと歩んで行かなきゃいけないだなっていうのはすごく感じられている。お母さんにもすごく感謝をしている。」（坂本さん）、「私はこのお母さんでよかった。病気があるとかないとかじゃなくて、お母さんはお母さんだから、病気を含めてのお母さんで、性格の一つみたい。それをお母さんにとっての良い面でもあるし悪い面でもある。どっちにもなり得ることだから。自分にとっての良い面にも悪い面にも影響している。子どもは子どもで幸せになれるし母は母で幸せになれるし。」（林さん）と言っています。山本さんは、親に何度も会いに行っています。遠いから会いに行くまでに時間がかかるそうですが、親に思いをはせることができる貴重な時間になっているようです。田村さんも週一回、親に電話しています。皆、親のことを思い、心配し、大切にしていることが分かります。

病気がある親とない親、どちらがいいかなんて決めることでもないし、変えられることでもありません。病気も含めて親です。

私たちの親は、困難を抱えながらも懸命に生きることの大切さを身をもって子どもたちに示してくれました。私たち子どもの多くは、負の経験をたくさんしています。それは事実だと思います。しかし、過酷な経験をした者にしか見えないことを見て、感じて、踏ん張って、乗り越えた今、負の経験から学んだことがいかに多く、また、自分の人生をつくりあげているかということにも気付いていると思います。経験は、その事実は同じでも、その価値を変えていきます。適切な支援や環境があれば、「負の経験」を「価値ある経験」に変えられる、その力を子どもたちは持っている、私はそう信じています。

家族へのメッセージ
支援者や社会に対するメッセージ

横山恵子

座談会は大変興味深いものでした。互いが刺激し合いながら話される内容に、進行しながら興奮していました。研究にフォーカスグループインタビューという手法がありますが、座談会も、グループの力で、一人一人別々の語りでは得られない、奥深く、幅広い話をしてもらうことができる方法です。この座談会からは、家族に対するメッセージと、支援者や社会に対するメッセージが発せられたように考えます。この二点を中心に、座談会から得られたことをまとめてみたいと思います。

全国精神保健福祉連合会（みんなねっと）が行った二〇一七年の家族会調査(1)では、その回答者は親（85・0％）が最も多く、きょうだい（8・5％）、配偶者（4・2％）、子ども（1・6％）の順で多く、回答者の平均年齢は六九・三歳でした。当事者の病名は統合失調症が80・3％と最も多く、平均年齢は四五・三歳で、病気になってからの期間は二十年を超えていました。当事者の多くが在宅生活で、就労している人は少なく（8・6％）、デイケアや通所施設を利用していない人が四割存在していました。

日本は、諸外国に比べて家族と同居する精神障がい者が多いのが特徴です。八割近い家族が病気の当事者と同居し，日常のケアを行っており、「K6日本語版(2)」を用いた、家族の精神的な健康状態に関する調査では、どの立場の家族においても、その六割が精神的健康状態の悪い傾向が見られました。不十分な地域サービスの中で、さまざまな立場の家族が、自身の生活や人生を犠牲にしながらケアを行い、身体的・精神的・経済的な負担から、

（1）全国精神保健福祉会連合会『平成二十九年度日本財団助成事業　精神障がい者の自立した地域生活と家族が安心して生活できるための効果的な家族支援等の在り方に関する全国調査』二〇一八年

（2）K6　米国の Kessler らによって開発され、一般住民を対象とした調査で使われることの多い、精神的な健康度を表す指標

家族が疲弊している実態があります。家族会で、高齢となった親が最も心配するのは、「親亡きあと」です。

この状況は、精神疾患の当事者とその親がともに孤立していることを表します。この孤立はさまざまな問題を起こしています。家族だけで何とかしようと頑張ることが、結局は当事者と家族のリカバリーを遅らせることになります。

座談会でそれを明確に語ったのは、支援者となった子どもたちでした。家族である支援者だから見えること、分かったことの数々がありました。四名は、看護や福祉を学び、支援者として活動する中で、他人にはできることでも、自分の親にはできないことを、体験から実感しました。家族だからと頑張ってきたことが、家族のストレスを高めるとともに、当事者と家族を孤独にさせたという気付きです。そして「家族は（家族の）支援者になれない」、家族だからできることはあるが、家族でないほうができることがたくさんあるという発見でした。

蔭山先生は、この点について、**①家族が自分の家族に支援することは、家族であることを止めること、②家族が余裕を持てないと、優しくなれない、③家族だけで支援することは当事者のリカバリーを遅らせる、**という三点でまとめてくださいました（二三四頁）。

一つ目の、家族が自分の家族に支援することは、家族であることを止めること、つまり子どもであることを諦めることだという発言は、胸が苦しくなるような痛みを感じました。支援者として関わるには、冷静に観察し、状況を分析し、対処するために、自分の「感情を殺す」ことが必要です。それは、家族という関係を捨てることでもあります。支援者は世の中にたくさんいても、家族になれるのは自分たちだけです。家族にしかできない役割があるはずです。

二つ目の、家族が余裕を持てないと、優しくなれないということです。これは家族以外の第三者の手を積極的に借りて、介護に余裕をもつことが大事だということです。「子どもがこんなに苦しんでいるのだから、自分たちが楽しんではいけない」という家族の話を聞きますが、家族は時間を持ったり、リフレッシュしたりできなければ、疲弊してしまいます。家族会に参加して、自分の思いを語ったり、継続的に相談できたりする仲間や支援者を得ることが必要です。

三つ目の、家族だけで支援することは当事者のリカバリーを遅らせるということです。これは、大変重要な視点です。最近、「八〇五〇問題」「七〇四〇問題」という言葉を耳にしますが、これは、引きこもりの長期化などで、本人と親が高齢化、支援につながらないまま孤立してしまうことです。その結果、精神的に追いつめられた子どもが親に暴力をふるったり、それに耐えかねて、将来を悲観した親がわが子を手にかけたりといった事件は、これまで後を絶ちません。特に最近は、マスコミに取り上げられるような、当事者や家族の悲劇的な事件が数多く起きています。

その背景にあるのが、家族だけで何とかしようとする家族の姿勢です。家族だけで頑張れば頑張るほどに、当事者と家族は社会から孤立していきます。この背景に、家族のスティグマ（偏見）があると言われます。スティグマは、外の世界につながろうとする時、障壁となります。

こうした偏見は社会にだけあるように思いますが、それ以上に精神医療や福祉に関わる支援者、家族やご本人の中にも存在します。これは、社会の偏見を自分の中に受け入れた状態であり、セルフスティグマ（内なる偏見）と言われ、その人の行動に大きな影響を与えます。

ある精神科医が、私に教えてくれたことがあります。

「精神障がいについての偏見は、一般の人よりも、医療者の方が強い。医療者よりも強いのが家族、一番強いのが、当事者だよ」

その話を聞いた当初は、とても意外でしたが、私自身も最近、そのことを強く感じるようになりました。このセルフスティグマは、支援者の中にもありますが、それ以上に家族や本人の抱えるセルフスティグマは強く、それが自らを苦しめるとともに、他者への相談や受診の遅れにつながります。外界との関係を閉ざし、回復への一歩を踏み出す大きな障害となっているように思います。家族はもっと支援者とつながりましょう。家族だからできることもありますが、支援者の方ができることが、たくさんあり、うまくいく場合が多いのです。ぜひ、支援者を頼ってほしいと思います。

子どもたちのメッセージは、支援者や社会に対するメッセージでもあります。こうした家族の現状を、支援者も知ることが必要です。精神障がい者ケアの中心が病院から地域へと移行している中で、家族の関わりはこれまで以上に重要な役割を持ちます。支援は通常、当事者を支援の中心に置いています。その結果、家族を介護者として期待し、献身的に当事者を支える協力的な家族を、良い介護者モデルとして捉えがちです。そして、親の高齢化に伴って、介護役割を当然のように次の世代、きょうだい、さらに子どもに移行しようとします。しかし、家族にのみ介護役割を担わせるのは、当事者の回復にとっても妨げになることを、あらためて認識する必要があります。

家族が当事者と「ほどよい距離」を保ちながら、冷静に対応していくことができるよう、家族の困難を理解し、自分の生活を犠牲にしない生き方ができるよう支援してください。また、そのためには、家族に頼らない地域支援の構築が必要です。

また、家族支援において大切な視点は、家族まるごとの支援です。支援者は、家族成員の中にどのような立場の家族がいるのかを知り、親だけでなく、きょうだいや子どもなど、家族全体を視野に入れた支援をお願いしたいと思います。

精神障がい者家族は長い間、「病気の原因」「介護者」として見られてきました。しかし、ようやく「生活者としての家族」という見方がされるようになり、「支援されるべき存在」として、家族支援が始まりました。家族支援の目標は家族のリカバリーです。当事者の病状に左右されない家族自身の「リカバリー」を目指す支援が必要です。「こどもぴあ」がそうであるように、家族が適切な支援を受けた時、家族は支援者の強力なパートナーになるのです。

おわりに

「家族は家族、支援者にはなれない」という坂本拓さんの言葉を、親の立場の人を含めた多くの人に知ってもらいたい、という横山先生の思いが本書の出発点でした。二〇一七年十月の地方版リカバリーフォーラム地方分科会（大阪）の会場で、その言葉を私も聴いていました。坂本さんが家族であり、支援者でもあるという両方の立場の実体験から放たれたその言葉には説得力がありました。そして、精神疾患を患う母親を思う愛情ゆえの葛藤から生み出されたものだと感じました。その言葉は、私以上に、精神障がい者家族会で活動している親たちに響いていました。ある親の立場の方が、講演後に私のところに来て、坂本さんの言葉に衝撃を受けたと伝えてくれました。「家族は家族、支援者にはなれない」という言葉は、家族のケアラー役割に関して、ある種のパラダイムシフト、つまり価値観の転換をもたらしたのだと思います。

家族のケアラー役割に関する価値観には、家族が精神障がい当事者への対応を変えることで、当事者の状態がよくなる（再発予防の効果があるなど）というものがあります。この価値観のエビデンスに基づいた実践活動も普及しています。また、家族も当事者がよくなるために自分ができることをしたいという気持ちがあり、また、実際に家族が変わると当事者が変わるという実体験をした方は多くいらっしゃいます。一方で、人間は簡単に変われないということも事実です。変われない自分を責める方もいます。大切な人が精神疾患を患い、さまざまな困難に遭遇し、疲弊している上に、さらに勉強して対応を学ぶことを求められていると捉える家族もいます。それは、家族に望みすぎる支援者への批判にもつながっています。家族に求めている対応の方法論は、専門家が考えたものであり、教えている人も専門家です。つまり、専門家と同じように接することを家族に求めていると言えるでしょう。意図せずとも、家族に家族であることを止めるということを求めてしまっているとも言えます。

私が保健師として相談を受けていた時に、自分の子どもが精神疾患を患っているのに、冷静に話される親がいたことを覚えています。その親は専門家でした。一方で、親しくさせていただいている、家族会のある親は、主治医から「親が冷静にならないと病気の子どもがよくならない」と言われたエピソードを折に触れて話されます。よほど傷ついた経験だったのでしょう。その話をする時は、「自分の子どもが大変な状況なのに冷静になれるわけがない」といつも興奮ぎみです。どちらが支援者として求める家族の姿なのでしょうか。家族は、取り乱していい、冷静に対処しなくてもいい、つまり、「家族は変わらなくてよい」のだと坂本さんは言ってくれたのです。

私は最近、精神障がい当事者の方と研究をすることが多く、その中で当事者は「家族は変わらなくてよい」と言っています。彼らも具合が悪い時は、親には絶対に変わってもらわないと気が済まない、と思っていたようです。しかし、回復している今となっては、「家族は変わらなくてよい、そして、当事者も変われなくてもよい。変われない自分たちを認めればよい」と言います。「ありのままを受け入れる」というのはこういうことを言うのだと、私は当事者から教えてもらいました。大切なことは、相手に変わってもらいたいと思うことでも、自分を変えようとすることでもなく、相手の気持ちを分かろうとする（完全に分かることはできない）ことだと思います。分かろうとする気持ちがあれば、自然に態度や行動に反映されていくのだと思います。読者の皆さまには、この本に登場する四名の体験や考えを通して、家族のケアラー役割をもう一度考えていただきたいと思います。

そして、子育てをしている当事者の方、また、これから親になりたいと思っている当事者の方に本書を通して伝えたいことがあります。当事者の方からは、自分が親になれるのか、子どもを育てられるのか、自分の子どもも病気になるのではないか、という不安をよく聞きます。「こどもぴあ」には、親も病気で、子どもの自分自身も病気の方がいらっしゃいます。「こどもぴあ」ではこれまで人に言えなかったつらさが噴出するため、参加して間もないころは、親への不満も激しく出ます（仲間との共有を重ねると、不満が親への期待への裏返しであることにも気付いていきます）。しかし、自身も病気を患う、彼・彼女らの口から私は親への不満を聞いたことがありません。そして、親から愛されて育ったとはっきり言われる方が多いように思います。自身が病気であり、親の困難さを理解しているから不満として感じないということはあると思います。私にとって、意外だったのは、病気であるはずの彼・彼女の方が、病気でない他の方よりも、健康的でさえあると感じたことです。そこから、人間として生きていく上で重要なことは、病気であるかどうかではないのだと私は感覚的に察しました。ですから、科学的な根拠はないのですが、愛情をもって子どもを育てていれば、親に病気があってもなくても関係ない、たとえ子どもが病気になっても大丈夫だと私は信じています。大切なことは、孤立せず、人を頼って支援を求めることなのではないでしょうか。本書に登場する四名にとって、親が精神疾患であることが今の自分を形成する重要な要素になっているようです。親が精神疾患であることから派生するさまざまな経験が「自分らしさ」を形成していると思います。子どもを産み育てた親御さんには、親であることを誇りに思ってもらいたいです。本書を通して当事者の方が親になることへの不安が軽減され、子育てについて前向きに捉えてもらえるとうれしく思います。

最後に、私の知人のことを共有します。私は、ご夫婦ともに精神障がいをお持ちで子育てをしている二家族と交流があります。最近、中学生の息子さんに会ったり、他の子どもの話を伝え聞く機会があり、子どもたちは皆、健全に伸び伸びと育っていることを知りました。私はなぜか衝撃を受けました。両親ともに精神障がいがあれば、子どもはさぞ大変だろうと、私は気づかないうちに先入観をもっていたのかもしれません。子どもたちは、私の先入観を見事に打ち砕いてくれました。子どもたちは、親の個性を誇りに思い、多様性のある社会が必要だという認識に至っているのです。日本は、他人を気遣うすばらしい文化がありますが、それは、他人と違うことを恥と思う文化と表裏一体です。いわゆる「普通」から外れた瞬間に生きづらさを感じる社会とも言えるでしょう。この子どもたちは、個性の強い親とともに生き、地域の人の視線を敏感に感じると同時に、懸命に生きて育ててくれている親の姿を見る中で、多様性のある社会が必要だと身をもって感じているのです。私は、彼・彼女らの存在を知り、これからの日本に影響を与え得る、新たな変革者を見つけた、そんな予感がしています。

二〇一九年十月

蔭山正子

◎執筆者

横山恵子（よこやま・けいこ）

埼玉県立大学保健医療福祉学部看護学科・大学院保健医療福祉学研究科／教授／看護師

埼玉県立衛生短期大学第一看護科卒業。埼玉県立がんセンター、埼玉県立北高等看護学院、埼玉県立精神保健総合センター（現、県立精神医療センター）準備室を経て、看護師長として勤務。急性期病棟にて精神科看護を経験。その後、埼玉県立大学短期大学部看護学科講師、埼玉県立大学准教授から現職。その間、日本社会事業大学社会福祉学研究科博士前期課程、東京女子医科大学大学院看護学研究科博士後期課程修了。主な研究テーマは、精神障がい者の家族支援・家族会活動・アウトリーチサース・看護師のキャリア支援。

蔭山正子（かげやま・まさこ）

大阪大学大学院医学系研究科保健学専攻公衆衛生看護学教室／准教授／保健師

大阪大学医療技術短期大学部看護学科、大阪府立公衆衛生専門学校を卒業。病院看護師を経験した後、東京大学医学部健康科学・看護学科３年次編入学。同大学大学院地域看護学分野で修士課程と博士課程を修了。保健所精神保健担当（児童相談所兼務あり）・保健センターで保健師としての勤務、東京大学大学院地域看護学分野助教などを経て現職。主な研究テーマは、精神障がい者の家族支援・育児支援、保健師の支援技術。

◎事例執筆・座談会参加者

こどもぴあ

— 坂本拓（こどもぴあ代表）、林あおい、山本あき子、田村大幸

みんなねっとライブラリー

こころが大切にされる時代に向けて——

公益社団法人 全国精神保健福祉会連合会 監修のもと、生きづらさを抱える本人と家族が安心して暮らせる社会をめざす一般向け書籍シリーズで、家族、当事者、医療、福祉、介護など、様々な分野の著者が執筆します。令和元年７月創刊。

「みんなねっと」https://seishinhoken.jp/

※みんなねっとは精神に障がいのある方の家族が結成した団体です。ひとりで抱え込まずに、まずはお気軽にご相談を。

静かなる変革者たち

精神障がいのある親に育てられ、
成長して支援職に就いた子どもたちの語り

2019年11月11日　第1刷発行

編著者　横山 恵子　蔭山 正子　こどもぴあ
発行者　増田 幸美
発行　株式会社ペンコム
〒673-0877 兵庫県明石市人丸町2-20　http://pencom.co.jp/
発売　株式会社インプレス
〒101-0051 東京都千代田区神田神保町一丁目105番地

●本の内容に関するお問い合わせ先
株式会社ペンコム　TEL078-914-0391　FAX078-959-8033
●乱丁本・落丁本などのお問い合わせ先
TEL03-6837-5016　FAX03-6837-5023　service@impress.co.jp
（受付時間／10:00-12:00、13:00-17:30 土日、祝日を除く）
※古書店で購入されたものについてはお取り替えできません。
●書店／販売店のご注文窓口
株式会社インプレス受注センター　TEL048-449-8040　FAX048-449-8041
株式会社インプレス出版営業部　TEL03-6837-4635

装丁　矢萩多聞
印刷・製本　株式会社シナノパブリッシングプレス

ISBN 978-4-295-40370-8